Sales Digital Shift

実践・営業デジタルシフト

グローバルインサイト
水嶋玲以仁
Reini Mizushima

日本経済新聞出版

はじめに

●デジタルシフトの効果が期待に及ばない理由

　新型コロナウィルス感染症（COVID-19）の影響で、世界的にビジネスプロセスや事業のあり方そのものが大きく変化している。その中で競争力を発揮するには、自社の存在意義を再定義し、ビジネスの仕組み自体を根本から変え、デジタルへと移行することが不可欠であるという思いを持つマネジメント層は多い。デジタルシフト／デジタルトランスフォーメーション（DX）の数あるイシューの中で、本書がテーマとしているのが営業力とマーケティングの強化だ。

　自社の営業力やマーケティング力の強化のために、営業組織を改編してシステムを刷新、採用や教育に力を入れる企業は、コロナ禍以前でも少なくなかった。しかし、施策の改善を毎年継続的に繰り返していた企業でさえ、2020年以降はこれまでの流れとは非連続な形での営業・マーケティングのデジタルトランスフォーメーション、すなわち営業デジタルシフトを計画したり、着手したりしている。それだけCOVID-19が与えた社会的インパクトは、大きなものだったのだ。

　企業がデジタルシフトを進めることは、容易なことではない。ひとつはシステムやツールの導入など、大きな金額の投資が必要になるからだ。　ところが大胆なデジタル投資を試みたものの、期待するだけの効果を得られた企業はほんのひと握り、というのが実情ではないだろうか。

総務省が平成30年（2018年）に発表した「ICTによるイノベーションと新たなエコノミー形成に関する調査研究」[※1]によると、日本企業のIT投資は米国と比較して、①労働投入量の効率化を図る、②付加価値額を増やす——という2種類のうち①の効率化に重きを置いているという。そして同研究では、今後は②の投資を増やすべきと提言している。

　私が長く勤めていたグローバルITベンダーでは、そもそも営業・マーケティングのシステムとは、②の目的を果たすための必須のツールという認識が強い。システムの設計もまた、新たな付加価値提案のためのプロセスを実現し、顧客からのインサイトを分析できるように設計されている。
　しかし多くの日本企業は、入力の効率化や手間の省略といった業務効率化を目的とした設計を望む。したがって営業デジタルシフトにおけるIT投資効果も、せいぜい10％の業務効率改善といった、期待とはほど遠いものに陥りがちなのである。

● 理論から実践、ケーススタディまでを網羅

　本来営業デジタルシフトへの投資とは、付加価値を増やすことを目的としなければならない。しかし実際には、やはり従来と変わらず効率化ばかりを重視するケースが多い。私自身、コンサルティングや提案に向けたヒアリングのために企業に出向くと、営業デジタルシフトがうまくいかないことに悩み、なにをすべきかわからないまま身動きがとれなくなってしまう場面を幾度となく経験した。

　コストを"減らす"発想から利益を"増やす"発想へと転換するに

は、どのようにすればよいのだろうか 。ひとついえるのは、目の前の課題ではなく川上へと目線を向けることだ。「IT投資のゴールは、付加価値向上である」と置き換える以前に、まずは事業計画と予算計画、および実行段階のプロセスと関係部門の役割を再定義することから始めるのである。

　本書は単なる業務効率や投資効率の改善方法を解説する本ではない。付加価値を高めるために、営業・マーケティングにおいてデジタルシフトを阻んでいる課題に対する解決策を提示するものである。システム導入や一部のデジタルマーケティング、インサイドセールスの導入といった断片的な施策を紹介するのではなく、経営戦略および事業戦略から営業戦略や計画に落とし込み、実践するための、継続的な取り組みのプロセス全体を解説している。

　具体的には、事業戦略の作成から予算作成において、おおよその企業が応用できる顧客セグメントの具体的な分類と、セグメントに合わせた目標達成方法を詳述している。
　また計画を立てる段階で営業とマーケティング部門の連携が十分行えていないと、実行段階で摩擦が生じてうまく運用できなかったり、予算未達となったときに責任のなすりつけ合いが起こったりする。本書では、部門連携のための具体的な手順と、相互理解の共通基盤となるデジタルマーケティングの基礎知識を解説している。

　予算を編成した後の実行段階でPDCAをどうやって回すかについても、「ファネル」という概念を用い、営業プロセスごとのKPI（重要業績評価指標）の分析と解決施策を提示している。このPDCAが機能して初めて、投資したシステムは効果を発揮するのだ。

5

実行性の高い計画を作成しPDCAの仕組みを整備してやり遂げるとなると、経営の強いリーダーシップと実行者の粘り強い工夫が必要になる。そこで本書では、実際に営業デジタルシフトに取り組んだ具体的な事例を紹介するため、情報通信大手のNECとソフトバンク、旅行大手のJTBの3社にインタビューを敢行した。

本書を通じ、読者に営業とマーケティングへの本質的な投資が、非常に高いリターンの獲得につながるというインサイトを得てもらえることが、私の願いである。

さて、本書の刊行は私の独力で成しえたものではなく、様々な方々に協力をいただきました。ここで、改めてお礼をさせていただきます。本人たちの希望により名前だけ掲載します。

深瀬 正人、飯田 陽一郎、鈴木 あすか、前澤 祐樹,森本 彩加、伊佐敷 一裕、杉山 怜美（敬称略）

本書の編集・校正については、『インサイドセールス　究極の営業術』『リモート営業入門』でも一緒に仕事をしたたなべやすこさん、Part3については池口祥司さんのお力添えをいただきました。スケジュールの度重なる遅れや内容の追加変更にも辛抱強く付き合ってもらいました。ありがとうございました。

Part3では、大勢の方々にインタビューをさせていただき、1社ずつそれぞれで本が1冊書けるくらいの多くの貴重なお話を聞かせていただきました。どの方々も熱意にあふれていて、苦労したことやうまくいかなかったことも含めて率直に語ってくださいました。本書の取材に協力してくれた皆さんに共通する思いは、自分たちの活動

が少しでも世の中の役に立ってほしいということだと実感いたしました。取材にご協力くださった方々のお名前は、Part3の各社のケース中に記載しています。皆さんの成功を願ってやみませんし、本書が読まれることで、影響を受ける方々を増やすことが、最大の恩返しになると信じております。ありがとうございました。

　最後に、日経BP 日本経済新聞出版本部の赤木裕介氏には、前著『リモート営業入門』同様にご支援いただきました。改めて御礼申し上げます。

2021年6月　水嶋玲以仁

※1　総務省「平成30年度版 情報通信白書」ICTによるイノベーションと新たなエコノミー形成に関する調査研究（企業向け国際アンケート）
https://www.soumu.go.jp/johotsusintokei/linkdata/h30_02_houkoku.pdf
https://www.soumu.go.jp/johotsusintokei/whitepaper/ja/h30/html/ne220000.html

CONTENTS

Part. **1**

営業デジタルシフトの本質

1章　いま、求められる営業戦略

　　1　営業を取り巻く社会の潮流 —————————— 16
　　2　分業による営業の新しい形 —————————— 25
　　3　"コロナショック"による気づきと、変化の加速 ———— 29
　　4　営業デジタルシフトとは —————————— 34

2章　商材・顧客の変化にあわせた営業活動

　　1　「属人的な営業手法&顧客管理」から脱却すべき理由 — 38
　　2　企業／顧客セグメンテーションの例 ————— 49
　　3　最適な営業モデルの選択 —————————— 52

Part. **2**

営業デジタルシフトの実践フェーズ

3章　事業戦略策定と部門間アライメントの構築

　　1　営業デジタルシフトに対応した事業戦略とは ——— 66
　　2　事業戦略策定の4ステップ —————————— 71
　　3　アライメントにあたってのハードル ————— 78
　　4　実効性のある事業戦略策定のために ————— 80

4章　ABM型モデルの概要

　　1　ABM型モデルの特徴と目的 —————————— 84
　　2　基本戦略①　プラン策定 —————————— 88
　　3　基本戦略②　営業活動 —————————— 92

5章　テリトリー型モデルの概要

　　1　テリトリー型モデルの特徴と目的 ————— 100
　　2　基本戦略①　プラン策定 ————————— 103
　　3　基本戦略②　営業活動 ————————— 106

6章 カバレッジ型モデルの概要

1 カバレッジ型モデルの特徴と目的 ——————— 114
2 カバレッジ型モデルの基本戦略 ——————— 117
3 カバレッジ型モデルの進め方 ——————— 119

7章 役割の定義

1 インサイドセールス組織の配置パターン ——————— 126
2 インサイドセールスの役割 ——————— 130
3 営業デジタル・シフトで役割の定義が更新される機能 ——— 135
4 新設される機能の役割とその定義 ——————— 143
5 適切な人員配置の重要性 ——————— 147

8章 ファネルごとのKPIマネジメント

1 基本的なファネルの分け方 ——————— 150
2 ファネルごとに評価指標を設ける意義 ——————— 153
3 KPI・KAI・CVR設計のポイント ——————— 156
4 KPI・KAIの分析について ——————— 170

9章 営業デジタルシフトの阻害要因と打開策

1 営業デジタルシフトで直面する課題 ——————— 184
2 課題解決のカギ——「アジャイル」の発想 ——————— 188
3 課題ごとの具体的な対応 ——————— 192

10章 営業が知っておくべきマーケティングの基礎知識

1 デマンドジェネレーションとマーケティング ——————— 200
2 リードジェネレーション①——ウェブサイト・LP ——————— 207
3 リードジェネレーション②——セミナー・ウェブセミナー ——— 213
4 リードジェネレーション③——デジタル集客施策 ——————— 214
5 メールマーケティング ——————— 222
6 ナーチャリング目的のセミナー・ウェブセミナー ——————— 226
7 マーケティングとの連携により得られるメリット ——————— 227

CONTENTS

Part.

3 ケースで見る営業デジタルシフト

11章　ケーススタディ①　NEC
各社のベンチマークとなったNECのチャレンジ

コロナ禍で加速したデジタルシフト ———————————— **235**

インサイドセールスを事業部に組み込む ———————————— **237**

事業部側から見たデジタルシフト ———————————— **240**

なぜ、自ら手を挙げ、インサイドセールスを推進したのか —— **245**

NECの目指すデジタルシフトとは ———————————— **249**

Interview

「インフィニティ・ループ」という発想 ———————— **250**

執行役員兼CMO 榎本 亮氏

12章　ケーススタディ②　ソフトバンク
商材が多角化する時代の営業戦略

非対面での販売チャネルはBtoCから始まった ——————— **256**

あらゆる手段を使って、認知度を上げる ———————————— **256**

トップセールス自ら「インサイドセールス」を行う ——————— **258**

日本企業では珍しい「セールス・イネーブルメント」とは ——— **260**

成功の鍵は「再現性」 ———————————————————— **261**

チームプレーから生まれた成功事例 ———————————— **263**

定量的な指標は重要だが、定性的な指標も大切 ——————— **265**

Interview

未来が見えてくる営業 ———————————————— **268**

常務執行役員 法人事業副統括　藤長 国浩氏

13章　ケーススタディ③　JTB
コロナ禍以前に始まっていたデジタル基盤の構築

社内外で生まれた「新しい」コミュニケーションの形 ———— **273**
デジタルマーケティング×インサイドセールス ———— **276**
成長事業領域としての「ビジネスソリューション事業」———— **279**
デジタル時代に求められる営業のスキル・マインドセット ———— **280**
JTBが目指す「デジタルマーケティング」の未来 ———— **283**

Interview
「リアル」と「デジタル」を掛け合わせ、
カスタマーサクセスを実現する ———— **286**
取締役 常務執行役員 ビジネスソリューション事業本部長
大塚　雅樹氏

Part.

1

営業デジタルシフトの本質

1章

いま、求められる営業戦略

2020年を境に、企業の活動にも大きな変化が起こり始めた。その中でも一部の企業にとっては活動の中枢であり聖域でもあった「営業」に、急速な変化が見られている。対面ではなく、電話やビデオでの打ち合わせが当然になりつつあるのである。これまで多くの人が疑うことのなかった「対面で訪問することの必要性」が問い直され、最適な営業形態を模索し始めた。

　ただしそれらは導入が加速されただけであり、本質的な変化の兆しは以前から見られていた。この章では本論に入る前に営業を取り巻く変化を振り返り、なぜ今、営業デジタルシフトが求められるのかについて触れたい。

01 営業を取り巻く社会の潮流

　企業のデジタルシフトは最近始まった話でもないし、何も営業に限ったことではない。ITによる変化は以前から進行していた。特に経理、製造など、データ化が容易な部門ではすでにかなりの部分でIT化が進み、データをもとに議論する土壌が20年以上前からつくられていた。「このプロセスを見直すことで、生産性を10％改善させる効果が期待できます」という提案が工場の従業員から上がることは、どこの企業でも当たり前に見られることである。

　営業活動は、他部門以上に結果を定量的に表せることもあり、徹底的に結果指標で評価されてきた。一方で、結果が見えるからこそ、プロセスに目を向けられることが少なかったという背景がある。しか

しIT化が進むにつれ、営業活動そのもののプロセスを見える化し、改善する活動は他の部門と同様に進行していた。ここでは常識になりつつある、営業を取り巻くここ30年ほどの変化を改めて振り返る。

1 競争による事業の変化

　企業は営利組織であり、社会や株主、従業員への貢献のためにも、利益を出し続け、組織を維持することが前提条件となる。かつては市場の成長の波に乗り、売上を向上させることで利益がついてきたが、現在の日本において市場全体の成長は、残念ながら久しく見られない。

　売上がこれまで通りで利益の伸びも頭打ちになる中、企業努力として利益率を追求し、利益額を改善・維持する必要性に迫られている。その背景としては、次の要素が考えられる。

（ア）モノを売る営業の限界

　グローバル化によるモノ売りの限界は平成以前から言われている。特に以前は販売する製品やサービス自体に価値が認められる「モノ売り」で十分だったが、市場全体の製品のレベルが向上したことからモノ自体での差別化が難しくなり「コト売り」「体験の提供」に転換する企業が多く存在する。

　それに伴いグローバルでの競争が激しいマス市場から、ニッチ市場／高付加価値市場へ移行する企業も増えている。特に熾烈な競争に直接的にさらされる製造業などにおいては、マス市場でのシェア維持は厳しいと言われる。

　売り方が変化するということは、当然のように売り手側のスキル変容も求められる。これまでモノを売っていた営業に対して「モノ

を売るな」という通達が出るわけである。しかしながら営業活動の本質自体が変わったわけではなく、今も昔も優秀とされる営業に変わりはない。結局は顧客との対話を通してニーズを明らかにし、自社および他社の製品やサービスの良し悪しをきちんと認識したうえで、顧客にとっての最適な提案を行うことが必要である。

とはいえ、これまでモノを売ってきた多数派の「営業」にとっては大きな意識変革であり、営業に求められるスキル自体が上がってきているといえる。

（イ）日本企業の生産性の課題

2019年のOECDのデータに基づくと、日本の就業者1人当たりの労働生産性は8万1183ドル、時間当たり労働生産性は47.9ドルであり、それぞれOECD加盟37カ国中21位・26位だという[※1]。決して高いとはいえない状況であり、順位で見るとデータ取得可能な1970年以降、1人当たりの労働生産性はG7中最下位の状況が続いており、時間当たり生産性は最低を更新している。

この背景にはさまざまな要因がある。本書でそのくわしい議論はしないが、グローバル競争にさらされ続けている企業は日本国内にいることで競争力が保てないことになり、生産性の改善は急務であるといえる。

従業員個々の生産性向上はもちろん必須だが、生産性の低い領域を「切る」という選択も行われている。地域差はその一つであろう。都市部と地方の経済規模の差は明らかであり、地方から都市部への人の流出が構成人口年齢のいびつさを引き起こし、都市部に若手や能力のある人材がよりいっそう集中する現象が起こるというスパイラルに陥っている。結果として、より利益率の高い地域（基本的には都市部）に、企業活動の重心が偏っている。また利益率の低い地域を

効率優先で回す必要に迫られたことでサービスの質が低下し、地域によってサービス格差が生まれている。

2 顧客の購買活動の変化

　顧客の購買活動の入り口は、情報取得である。また、顧客は購買決定、製品やサービスの使用、その後の継続まですべての意思決定において多様な情報を取得し、判断している。

　顧客の購買活動自体もITの普及により大きく変わった。昭和・平成初期の時代は、情報の取得はコストがかかる行為であり、情報の提供自体が付加価値となりえたため、営業（フィールドセールス）として価値提供のひとつの手段となっていた。

　ところが2000年頃からのITの普及に伴い、デジタル上に情報があふれ、情報取得のコストが大きく低下したことで、情報の提供自体の価値が相対的に低下してしまった。実際に生じている現象は、次の（ア）〜（ウ）のように分解できる。

（ア）提供から検索へ

　大きな変化の一つが、オンライン検索である。かつては自発的な情報取得は、書籍や雑誌など、体系だった膨大な関連分野が情報のソースであり、その中から必要な情報を抜き出すことは高コストであった。

　そのため、その分野に精通した営業（フィールドセールス）からの、体系的かつ必要十分な情報の提供に「生き字引」としての価値があった。

　ところが検索の発達により、生き字引がITツールにより一部代替

されるようになり、（精度・網羅性は別として）顧客の購買活動の起点が、営業による情報提供から、顧客自身の検索に置き換わるという変化が起きた。

（イ）情報ソースの拡大

検索による顧客自身での情報取得以外にも、IT化により顧客への情報提供の手段が多様化してきた。

営業からの情報提供は当然継続して存在するが、その分リソースを割くことになるため、企業としてもコストが高い。そこで顧客の状態（重要性、醸成度合い）によっては、少ない労力で済む他の情報提供手段を採用するようになる。

自社ウェブサイトでの告知やイベントの開催、ダイレクトメールやカタログの送付、メール配信、オンラインウェビナー、SNS、ターゲティング広告、雑誌記事、電話での営業活動などが挙げられる。

（ウ）接点の設計

情報ソースが多様化したことにより、顧客との接点や関係をどのように築いていくか、つまり接点設計が重要になっている。顧客への情報提供・提案・成約までの一連の流れが営業活動だった過去から、情報は顧客自身が取り、場合によっては比較・検討まで顧客の中で完結してしまうといったように、営業側から見れば、購買行動のブラックボックス化が進行している。

顧客と企業の関係性は、営業を通しての接点だけでは不十分になりつつある。将来顧客となる見込みのある層の発掘・特定、見込み顧客への情報提供などを通した醸成活動、成約率の高い状態まで醸成できた後の営業活動など、さまざまな部門が連携して顧客との接点をつくり、維持する必要が出てきている。

図1 | 顧客の醸成フェーズに合わせたフォロー手段とフロー

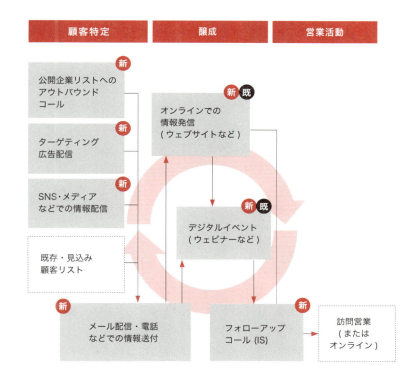

新 営業デジタルシフトに伴い新たに設ける・活用する接点の例
既 従来からある一般的な接点の例

その中でも、特に顧客の醸成のフェーズは、時間がかかる一方で成約率は高くないため、いかにコストを抑えつつ(すなわち、営業が関与する場面を抑えつつ)、情報を提供しながら顧客との接点を維持し、醸成できた状態で営業活動につなげられるかが重要になってくる。

3 人材確保・活用

優秀な人材の確保は、いつの時代も経営の最優先課題のひとつである。特に営業は企業の売上に直結し、またスキルの高い優秀な営業(フィールドセールス)は、転職などによる流出も他職種と比較してもともと起こりやすかった。優秀な営業を採用し、活躍してもらい、離職を回避することは、営業組織にとって長年の課題であった。

加えて、平成後期から言われ始めたワークライフバランスをはじめ、「働き方」を見直す動きが活発になってきたことから、人材の確保と活用は重要度を増してきている。以下では具体的な例を見ていきたい。

(ア) 働き方改革

まず挙げられるのは、政府主導で進められている「働き方改革」である。一人ひとりの状況に柔軟に対応できるよう、多様な働き方を選択できる社会の実現を目指す取り組みである。

これまで労使合意のもと各企業の判断に委ねられていた時間外労働にもメスが入り、長時間労働の是正が進められた。残業や休日出勤によってカバーされていた仕事が回らなくなり、人手不足や人材の確保に悩む企業や業界もあるという。

一方では、政府が本来目指している多様な働き方を実現することで、人材の確保に努める動きも出てきている。今後、営業人材においても、

フルタイムの勤務形態だけでなく、個々の希望や都合に合わせた働き方をどう提供するかが、企業の人材を確保する力に直結することになると想定される。

（イ）少子化と営業職人気の変化

営業職を取り巻く環境も、大きく変化している。

1つめは少子化である。営業、特に新規顧客の発掘や、顧客担当などの実務を担うのは、昔から若手であった。しかし現在、厚生労働省が行う人口動態調査によれば、2021年の時点で50歳前後を迎える世代（1969〜1972年生まれ）は年間約180〜200万人の出生数だったのに対し、30歳前後を迎える世代（1989〜1992年生まれ）は年間約120万人にすぎない[2]。20年間で4割減少しており、営業職を支える構造に大きな変化が起こるのは必然である。

2つめに、営業職の人気の変化である。かつては、ほとんどの企業で営業こそ花形部署であり、出世コースであった。現在も企業活動の根幹を担い、事業の全体像を理解できる職種だと筆者は認識しているが、営業職は不人気職種の一つと言われる。若手の人口減少と相まって、営業を希望する人数は減り続けているように映る。

そして3つめは、人材の獲得競争の熾烈化である。転職や副業は過去に比べると一般的なものになった。営業スキルは他の職種よりも転用が利く。商材が変わっても前職の経験を活かせることから、特に優秀な人材ほど流出が起きやすい。このため実績のある営業人材が、中小企業から大手企業へ、日系企業から外資系企業へ、あるいは待遇や給与の条件のいい企業へと転職する傾向が見られる。各企業とも、優秀な人材をいかに確保するかで知恵を絞っている状況である。

（ウ）多様な人材の活用

　働き方改革の項にも関連するが、出産や育児、介護の両立や、シニア人材の活用は今後の労働力不足を鑑みたとき、重要な観点である。

　さすがに「寿退社」は死語となりつつあるが、出産や育児を理由に営業の第一線から退くといったケースはいまだ散見される。介護でも同様である。能力があるにもかかわらず活躍できない原因が労働環境にあるならば、その改善を図ることは、企業と働く本人にとっても有効ではないだろうか。

　また、実質的に定年延長・再雇用をしている企業が増えており、一方で若手・中堅のポジション確保のためにも、これまでと異なるシニアの活用が求められている。

　今後は男性の育児休業取得義務化も検討されているという。性別・年齢を問わず、ライフイベントに影響されずにパフォーマンスを発揮できるような仕組みづくりは急務といえよう。

分業による営業の新しい形

　これまで述べてきたことを踏まえ、これからの営業のあり方を考えていきたい。

　まず言えるのは、顧客の課題解決をサポートする、という営業の役割は変わらないということだ。しかし、会社が営業に求める役割や顧客の購買行動が変わった結果、これまでの立ち居振る舞いでは十分にその役割を果たせなくなってしまっている。

　多くの制限がある中で、これまで以上に顧客に寄り添い、顧客を深く理解することが求められる。顧客自身が明確にできていない潜在的な希望や理想を明らかにするコミュニケーションや、かゆい所に手が届く心地よいケアが求められている。業界知識や商材のマッチングに加え、「取引したい」と思ってもらえるようなアプローチがこれからますます不可欠になるといえよう。

　だがニーズが多様化し、商材自体も複雑化する中、1人ですべてをカバーするのは無理がある。効率やコスト、マンパワーを考えても、多くの顧客と深い関係性を築くのは難しい。このため求められるのが、営業組織とプロセスの抜本的な改革による新たな役割分担だ。その要点を次に記す。

1 マーケティングとの協業

　1人の営業でカバーできる顧客数は限りがある。一方で、ニーズの多様化に対応するには、コストを抑えつつさらに多くの顧客にアプ

ローチする必要がある。そこでより多くの顧客に同時にアクセスできるマーケティングが活用され始めた。

営業とマーケティングが連携し、受注例から商材と相性のいい顧客層をあぶり出す。そのターゲットに向けマーケティング施策を集中投下し、商材を本当に必要とする(＝受注確度の高い)リードを発掘する。営業はより確度の高いリードに対して提案・獲得に注力する。

営業とマーケティングで、顧客の状態に最適なアプローチを行う分業体制である。

2 セールスの役割分担とインサイドセールスの導入

分業はマーケティングだけにとどまらない。

リード発掘から受注までのストーリーを組み立て、営業組織を「ニーズや課題を引き出しながら、購買意欲や関心を高める」機能と「具体的に提案し、受注につなげる」機能に分ける。特に前者は顧客側に検討のための情報を提供しながら、顧客の温度感や提案の可能性を見極める必要がある。さらにアプローチ対象の数も多く、効率的に進めていかなければならない。

そこで取り入れたいのが、インサイドセールスだ。内勤営業とも呼ばれ、メールやビデオ会議、電話などを用いて営業活動を行う手法である。営業事務やテレフォンオペレーターとは異なり、これまでの営業の役割の一部を担う存在といえる。移動がない分1日に多くの商談をこなせるうえ、同僚同士で情報を共有しあえるため、職場にノウハウを蓄積しやすい。

インサイドセールスの導入のメリットは新規案件獲得の効率化と人材の有効活用という2つのメリットがある。まず新規案件獲得では、

顧客の状態にあわせた積極的な分業を進めることで、これまではケアがなおざりになりがちだった関心の浅い層、具体的な案件として育てるには、デジタルマーケティングと組み合わせて時間をかけるべき層などの取りこぼしを減らすことができる。さらに相手の温度感を見極めたうえで提案段階に入れるため、営業プロセスの後半での失注が減り、効率的に営業活動を行えるようになる。

　次に人材の有効活用という点では、ライフイベントや年齢を理由に第一線を離れざるを得なかった人たちも、内勤であれば環境を整えることで十分に活躍できる。

3 特性に合わせた戦略モデルの構築

　1項や2項による成果の最大化を図るには、顧客層や商材の特性にあわせた組織体系やアプローチを考案し、うまく機能するようなマネジメントに評価と改善プロセスを変える必要があるだろう。

　たとえば超大手やコングロマリットを相手に横展開を狙う場合と、アプローチ先が多く一つひとつの企業を細かく把握するのが難しい場合とでは、取り得る行動と各機能の役割は異なる。また商材がオーダーメイド型かレディメイド型（パッケージ型）かによっても、ベストな戦略は変わってくるはずだ。

　本書では特性の違いに着目し、ABM型、テリトリー型、カバレッジ型という3つの営業モデルに分けて、それぞれの戦略の違いや運営手法を解説している。詳細は次章以降を参考にしてほしい。

4 戦略をドライブさせるデジタルの力

　新しい営業戦略の成否を左右するカギは、本書のタイトルのとおり「営業デジタルシフト」にある。各部門の連携と、顧客の行動とリンクしたオンタイムでのサービス提供が欠かせない。また一連のアクションには、たくさんの情報が介在する。情報（データ）を組織で共有し適切に活用するうえで、デジタルツールはすべてをつなぐ架け橋となるのである。

　ここでいうデジタルツールとは、セールスフォースオートメーション（Sales Force Automation；SFA）やマーケティングオートメーション（Marketing Automation；MA）、カスタマーリレーションシップマネジメント（Customer Relationship Management；CRM）などの、マーケティングや営業の支援ツールのことである。

　たとえばMAはリードの行動情報（メールの開封、過去の対面イベントでの情報、サイトアクセスなど）を自動で解析し、現在の状態や温度感を教えてくれる。ジャストなタイミングで最適なアプローチを仕掛けるには必須のアイテムといえる。

　また本書で取り上げる営業モデルでは、KPIやKAIなどの評価指標を用いたマネジメントを提案している（8章参照）。複数の指標を多面的に捉え、営業活動の状況を考察する手法であり、SFAなしで運用するのは非常に困難である。

　裏を返せばデジタルツールを適切に扱うことにより、管理の合理化が進む。人が介在する手間が省けるうえ、煩雑な集計もツールが正確に処理してくれる。私たち人間は、よりよい提案を考えたり顧客と接する機会を増やしたりと、購買体験の価値を高めることに注力できるようになる。これを機に、営業活動のエンジンとなるデジタルツールを味方につけてほしい。

"コロナショック"による気づきと、変化の加速

2019年末に中国の武漢から端を発したとされる新型コロナウイルス感染症（COVID-19）の世界的流行は、私たちの社会と暮らしに大きな影響を与えた。ウイルスの感染力が強く、人同士の接触が感染の原因になることから、日本では数カ月間の公立学校の休校に始まり、商業施設や公共施設の運営の変更、そしてビジネスシーンにおいては出張の取りやめやテレワークが一気に広まった。

"コロナショック"で起きた変化が今後も継続するかは、異なった意見が多数あるところかと思う。だが少なくともこの危機によって起きた生活や働き方の変化から、多くの人々が新たな気づきを得たことは間違いない。一部ではすでに起きていた変化が、広く受け入れられた出来事だったといえる。

営業デジタルシフトについても同様で、2000年以降のテクノロジーの進化とともに徐々に試され、採用されていた。だがその広まりは一部にとどまり、大半にとっては理解も認識もしているが、経験に至っていなかった。それがコロナを引き金に多くの人が営業デジタルシフトを経験する形となり、今後加速度的に浸透すると考えられる。

1 リモート活用の広まり

（ア）テレワークの浸透

テレワーク（リモートワーク）は新型コロナ感染拡大防止を目的に、

都市圏を中心に導入がかなり進んだ。東京商工会議所の調べ[※3]では、2020年3月の時点でテレワークを実施している企業は26.0％に過ぎなかった。それが半年後の10月の時点で53.1％に増えている。

かつては「できるはずがない」と多くの人が考えていたテレワークだが、環境の変化により半ば強制的に実施せざるを得なかった状況を経て「意外とできるかもしれない」と考え方を変えた最たる例であろう。

（イ）オンラインツールの普及

テレワークの実施に合わせて、機器（パソコン、電話など）や環境（ネットワーク、社内情報へのアクセスセキュリティ）、コミュニケーション用のオンラインツール（Zoomなどの会議アプリ、Teamsなどのコラボレーションアプリ）の導入も促進された。政府は補助金施策を打ち出し、また企業も導入を急いだ結果、IT業界が盛り上がり、「リモート特需」という言葉も生まれた。

急激なオンライン化により、メディアでは「テレワークであぶり出される使えない人材」といったタイトルの記事があふれた。これまで「対面でなければ」と信じ込まれていたことが、ツールの普及により覆された。

（ウ）インサイドセールスの位置づけの変化

営業デジタルシフトの典型例であるインサイドセールスも、コロナショックの影響で概念が変化した。これまでは顧客と直接対面をする「訪問セールス」と、電話やメールなどを用いてリモートで顧客と接する「インサイドセールス」は対立構造として捉えられていた。

しかし往訪がままならない状況が続くことで、「対面」「リモート」という区分けが意味をなさなくなった。かつて訪問セールスを行っ

ていた営業（フィールドセールス）も、インサイドセールス的な働き方・コミュニケーションの取り方をせざるを得なくなったのである。

とはいえ、スキルセットやマインドセット、役割として、いわゆる営業とインサイドセールスは分けて捉えるべきだと考える。これまで対立概念だったものが、役割の違いという概念に変化したのは、インサイドセールス業界の中でもコロナショックが転換点になったといえる。

2 リモート活用によるコスト感覚の変化

（ア）交通費・出張費

リモートでの営業活動の広まりは、コスト面についても、これまでの常識を見直す機会となる。

まず挙げられるのは、交通費や出張費である。これまでリモートでの会話（電話、ビデオ会議など）は対面に劣るというのが一般的な認識であり、特に複雑かつ優先度の高い問題がある場合は、県境や国境を越えてでも直接会うことが重要とされてきた。「会ってなんぼ」の通念が、存在していたのである。

ところがコロナ禍、特に緊急事態宣言下においては、大手企業を中心に対面での打ち合わせや出張を原則禁止とする方針を示した。日立製作所、ソニーなどの製造業に限らず、三菱商事などの商社にもその影響は及んだ[※4]。

これまで当たり前だった対面での活動が禁止され、当初は戸惑いの声が多かったと聞くものの、いざ経験してみれば「案外問題ない」というのが、社会全体の認識なのではないだろうか。出勤定期代を

はじめとした交通費、および出張費など、これまで必要と思われてきた何百万、何千万、企業によっては何十億円もの経費について、見直す企業が出てきている。

（イ）移動時間

これまで認識してこなかった、あるいはないものと見なしてきたコストに、移動や商談前の待機などの「時間」がある。以前からリモートを積極的に活用してきた一部の人々が挙げていたメリットではあるが、前項で述べた「会ってなんぼ」の共通認識のもとでは、付随して生じるものとして当然のように受け止められていた。いや、時間の存在そのものに意識が向くことはほとんどなかったといえよう。

リモート化により、取引先への訪問がほとんどなくなるだけではない。社内の打ち合わせでも、打ち合わせ場所の予約に会議室への移動時間、場合によっては資料のプリントアウトなど、それぞれはわずかでも、積もれば山となる時間もカットできるようになった。

また在宅勤務の普及は、通勤時間も消し去った。通勤について言えば、朝早く起きることや満員電車で赤の他人とパーソナルスペースを侵しあうストレスからも、私たちを解放した。時間の使い方やストレスへの向き合い方に対する人々の認識が変わったことにより、「本当に必要な対面とは」「出社して働くことの意義とは」といった、本質的な問いに向き合う機会となっている。

一方で在宅勤務やリモート商談を経て、「通勤が良い運動・気分転換になっていたことに気づいた」「人と実際に会うことで深まる関係性を再認識した」という声も上がっているのも確かだ。しかしながらコロナ禍により、これまで目を向けてこなかった／疑ってこなかったことを見直す機会となったのは事実であろう。

32　　1章　いま、求められる営業戦略

（ウ）オフィスにかけるコスト

　まだ一部の企業での動き、あるいは検討の開始程度にとどまっているものの、オフィス維持に必要な費用についても見直し始めた例が出てきている。

　菓子メーカーのカルビーでは単身赴任を解除し、リモートによって地方在住者の本社勤務を促している[5]。単身赴任にかかるコストの削減に加え、現地勤務の人員が減ることになるため、地方オフィスのコンパクト化にもつながる。

　支社に限らず本社を含めたオフィス空間の見直しも起こり始めている。富士通では2020年7月に、現状のオフィス規模を今後3年かけて50％程度に最適化するのと並行して、社員にはテレワークに伴う補助金を出すと発表した[6]。まだ動きのない企業においても、オフィスの存在意義を再検討するケースが増えている。今後はただ働く場ではなく、人と人が直接会うことの本質的価値をサポートする場としての新しい形のオフィスが続々と登場するであろう。

営業デジタルシフトとは

1 現時点におけるTo Be像

これまで営業を取り巻く環境の変化、その対応などを取り上げてきたが、営業デジタルシフトとは、言ってしまえば営業戦略のひとつの方法にすぎない。これ以外にも選択肢は山のようにあるし、顧客との関係や自社の中での営業の役割をどう定義するかによって、取るべき方策は異なる。一方でデジタル化、デジタルトランスフォーメーション（DX）が叫ばれる中での営業における対応策のひとつが営業デジタルシフトであり、現時点でのTo Be像（あるべき姿）であるともいえる。

これまで営業デジタルシフトのメリットを述べてきたが、次の3点にまとめることができる。

（ア）コストの低減

従来の顧客との接点構築と維持は、高コストの代表格であった。これらにデジタルを活用することは、効率化のみならず、これまでできなかった粒度・頻度での顧客管理を実現できる。インサイドセールスの活用は営業コストを低減するだけでなく、見込み度の高くない段階の顧客とも継続的に関係を維持するなど、これまでの営業（フィールドセールス）では対応できないものを、同一コスト、またはそれ以下で実現できるようになる。

（イ）社内分業と標準化

　マーケティングオートメーション、インサイドセールスなどを実現するにはこれまでの営業（フィールドセールス）だけによる顧客カバーから、組織横断でのカバーが求められる。結果として分業体制となり、業務の標準化が必要になった。案件の状態（パイプライン）管理ひとつ取っても、これまでは個人の判断に任せられていたところから、顧客の状態によってプロセスごとに分けられ、定義化・標準化されることで、ノウハウの見える化と横展開、営業にまつわる情報のデータ化ができるようになる。

（ウ）顧客活動のデータ活用

　（イ）で述べた標準化により、各プロセスで情報共有のためデジタルツール上にデータが集まるようになる。これまでは営業個人の頭の中にあった情報が可視化されることで、さまざまな活用が期待できる。見込みの高い顧客の状態とはどのようなものであり、どう判断すればよいのか、社員のスキルを高めるために参考にすべきプロセスとはどういったものかなど、これまで暗黙知や見えないノウハウとして蓄えられてきたものを、活用できるようになってきている。

2　営業デジタルシフトは大きな流れである

　昨今、デジタルトランスフォーメーション（DX）がバズワードになっているが、営業デジタルシフトという活動は、営業をどうデジタル化し進化させるか、というだけの話ではない。本章の前半で取り上げたような大きな社会の流れをつかみ、そのいち側面であるデジタル

化を活用することで、営業活動はどうあるべきかを再定義する、本質的な活動だと本書では考える。

　この営業デジタルシフトは決してここ数年のトレンドではなく、10年単位の大きな潮流による変化である。この流れをしっかりと活かし、読者の皆様の営業活動をより良いものにしていただきたい。

※1 日本生産性本部「労働生産性の国際比較2020」
　　https://www.jpc-net.jp/research/list/comparison.html
※2 厚生労働省「令和元年(2019)人口動態統計(確定数)の概況」
※3 東京商工会議所「会員企業の防災対策に関するアンケート付帯調査」
　　https://www.tokyo-cci.or.jp/file.jsp?id=1021763
　　東京商工会議所「テレワークの実施状況に関するアンケート」
　　https://www.tokyo-cci.or.jp/file.jsp?id=1023299
※4 Bloomberg 2021年1月7日記事
　　「在宅勤務、出張禁止、会食自粛を再び強化−緊急事態で企業対応」
　　https://www.bloomberg.co.jp/news/articles/2021-01-07/QMJIKMT1UM1801
※5 カルビーニュース2020年6月25日「カルビー コロナを機にオフィス勤務者のモバイルワークを標準化ニューノーマルの働き方『Calbee New Workstyle』を7月より開始〜モバイルワーク無期限延長・単身赴任の解除・通勤定期券代の支給停止〜」
　　https://www.calbee.co.jp/newsrelease/200625b.php
※6 富士通プレスリリース2020年7月6日「ニューノーマルにおける新たな働き方『Work Life Shift』を推進」
　　https://pr.fujitsu.com/jp/news/2020/07/6.html

2章

商材・顧客の変化にあわせた
営業活動

この章では従来の営業プロセスの課題を整理すると同時に、営業デジタルシフトの意義について検証する。またデジタルシフトを進めるにあたり、押さえておきたい要素とその理由、顧客セグメンテーションの手法を紹介する。さらに顧客セグメンテーションに基づく、3つの営業モデルを解説する。ここで紹介する営業モデルは、この本全体に深く関連する内容である。この段階で違いを整理しておき、次章以降の内容理解につなげたい。

「属人的な営業手法＆顧客管理」から脱却すべき理由

1 過去20年近く変わらなかった営業活動

　過去20年あまりの間に、生産、財務、人事といった企業活動における他の領域は急速に効率化・デジタル化が進んだ一方で、営業活動だけは、日本において、最も変化が少なかった領域といえよう。営業担当が顧客の信頼を勝ち取ることで生み出される受注、まったく関心のなかった顧客からも時に手練手管を駆使してニーズを引き出し、財布を開かせるコミュニケーションの巧みさ……といったこれまで崇拝されてきた営業神話は、常に「営業担当個人の魅力」と「対面コミュニケーション」から切り離されることはなかった。よって、「標準化」や「デジタル化」といった概念とは最もなじまないものとされてきた。
　もちろん、これまでの営業に求められていたような、コミュニケーションを通じて顧客課題を引き出し、自社提案の魅力を伝えるといっ

たスキルセットは、今後も引き続き必要とされるものである。ただし、1章でも述べたとおり、顧客の購買行動の変化への対応や、営業組織としての生産性の向上が求められる現代においては、デジタルマーケティングとの連動や営業プロセスの効率化は喫緊の課題であり、これまでの属人的な営業のやり方を根本的に見直す必要がある。

2 従来の属人的な営業プロセスの課題

（ア）新規顧客開拓に充分なリソースを割くことが困難

　そもそも新規顧客の開拓とは、従来の営業活動において最も活動「数」が求められる業務である。自社との関係性がまったくない企業を含め、ターゲットになりうる膨大な潜在顧客に対し自社の認知を促進し、ニーズの有無を引き出して案件を発掘してくる活動は、カバレッジ（coverage：網羅する範囲のこと。カバレージともいう）の「広さ」を求められるうえに、顧客との関係性も薄い段階であるから望んだ結果が得られる割合も相対的に低い。

　必要な顧客の開拓に案件生成、成約、顧客フォローまでをすべて営業が担う状態では、最も工数がかかるうえに結果がわかりづらい。新規顧客の開拓に十分なリソースを割くことは困難である。特にクローズ時期の近い案件を持っているような場合、営業個人としてはそちらの対応を優先せざるを得ず、新規開拓活動ができないジレンマは、これまでよく見られた現象ではなかっただろうか。

　さらに、現代の顧客はインターネットを通じて適宜自身で必要な情報を収集していくことに慣れている。営業担当者や専門家に個別で相談したいというニーズがなくなったわけではないが、さまざま

な情報があふれている時代だからこそ、ある程度自分で情報を下調べしたうえで、求めるタイミングでわからない部分を相談するというスタイルをとりたがる顧客は多い。このため突然のテレアポや訪問等といった、求めていないタイミングでの情報提供については「押し売り」と感じて嫌悪感を持つ顧客も少なくない。

　営業としてもアプローチに対する打率の低さは負担である。デジタルマーケティングなどで情報を集め、顧客が求めるタイミング、つまり検討意欲の高いタイミングを狙ってより効率的な新規顧客の開拓が可能になれば望ましいのは間違いないだろう。

（イ）営業マネジメントが案件確認のみに終始する

　営業個人が新規顧客の開拓にリソースを割きづらいのと同様に、これまでの営業組織では、マネジメントも案件確認、つまり「今期の目標数字の達成に寄与する案件がどれだけあるのか」「その案件は受注できそうなのか否か」などの確認が中心となりがちである。このため「見込み案件がどれくらい積まれているか」「見込み案件を生み出す活動をどれくらいできているのか」といった、新規顧客の開拓や中長期的な案件の育成については、相対的に注意がおろそかになっていなかっただろうか。

　「今期の売上目標の達成」といった目先のことに気を取られていると、営業組織全体で見込案件を育成していく活動が十分行えていない場合に万全な対策を講じることができず、結果、期が切り替わるたびに案件の不足に苦しむ、という状況が起きるのは想像に難くない。

　さらにマネジメントの観点でいえば、個別の案件確認だけでは営業プロセス全体の適正な評価ができないことも課題である。本来であれば、組織の目標数字に対して実績が未達に終わる場合は、そもそもの見込み案件数がどうだったのか、見込み案件の育成活動が適切

だったのかなど、複合的な原因の分析が必要である。

　ところが案件確認を中心にしたマネジメントでは、どうしても個別の案件の成否のみに目が行きがちになる。営業プロセス全体を俯瞰して課題がある点を具体的に洗い出すためにも、フェーズごとの目標設定（評価軸）を持つことが必要である。

（ウ）属人的な顧客プロファイルや案件報告への依存

　営業プロセスが個人で完結していたこれまでの方法では、そもそも顧客に関する情報を他と共有する必要性は薄い。よって、顧客プロファイルや顧客の検討フェーズ、課題認識といった情報も、組織としては部分的にしか共有されず、基本的に各担当に閉じていることが多かったのではないだろうか。

　ある顧客について、これまでどのような人に会い、どういった話をしてきたのか、また相手はどのような課題を持っているのか、どういう提案をしてどのような結果が得られたのかといった情報が、担当営業の頭の中だけで集約されている状態だと、その担当が異動や退職をした場合に大きな痛手となる。顧客との接点や、キーパーソンや顧客が抱える課題、検討見込みの高い時期といった営業提案のヒントになる情報資産が失われてしまう。

　また案件管理の観点からも、属人的な報告に頼らざるを得ないのは問題といえよう。つまり個々の案件について、あくまで「営業担当の感覚」で報告されるだけであるため、案件の状態を客観性をもって正確に把握できず、潜在的なリスクが明るみにならないといったことが発生してしまう。逆に、受注に至った案件についても「なぜ成功したのか」の成功要因が外部からは判断しかねるため、ノウハウがシェアしづらく、再現性が低くなってしまう。

3 営業デジタルシフトの4つのキーワード

　前項で挙げたリソース、マネジメント、顧客や案件状況の把握といった課題は、営業デジタルシフトの導入によってどのように改善できるのか。4つの特徴に分けて解説したい。

（ア）分業

　営業デジタルシフトでは、これまで一人の担当で担ってきた営業プロセスを分割し、複数人ないし複数の部門にまたがって分業する。一方では個別の案件に深く入り込んで確実なクロージングを進めつつ、もう一方では新規案件の生成（ナーチャリング）を行うなど、異なる営業フェーズに応じたミッションに注力させる。そもそも、自社の認知を獲得する段階と、ニーズの不明瞭なところから課題を引き出して案件を創出する段階、具体的に検討している顧客に対し提案・交渉を行っていく段階では、それぞれ営業的にも異なるスキルが求められるものである。

　分業することによってそれぞれの専門性が磨かれる点は大きなメリットである。また、体制を独立させることで、これまでどうしても安定的に確保することが難しかった新規開拓にもリソースを割くことができ、より安定的な案件の創出が期待されるようになる。

（イ）標準化

　従来、スター的なトップセールスが個人の高いパフォーマンスで数字をたたき出すことが評価されてきたが、営業デジタルシフトは「仕組み化」を重視する考え方である。いわゆるトップセールスが暗黙知的に身につけていたノウハウを、誰でもが活用できるような「シ

ステム」に落とし込み、再現性を高めること、組織として安定的な数字を生み続けることができるようにすることを目指す考え方だ。

このフェーズの顧客には、どういう観点でのコミュニケーションを取るべきか、この顧客のプロファイルや過去のデータからすれば、どのような提案が刺さりやすいかといった営業の技術を可視化し、仕組みに取り込んでいくことによって、誰でも一定以上の成果を生み出すことを可能にする。

また、これまで営業個人に属していた顧客情報を組織で共有することにより、異動や退職といった人材の流動に対してより柔軟に対応可能にすることも、標準化の重要な要素である。

（ウ）営業プロセス全体を俯瞰したマネジメントへの転換

分業・標準化の推進とあわせて、マネジメントはより「営業プロセス全体の俯瞰」を重視する。前項で述べた通り、これまでの営業マネジメントでは案件ベースでの確認が中心であった。そのような状況では、目標達成において必要な見込み顧客が十分確保できているのか、そのための活動が十分できているのかなど、案件になるまでの途中のプロセスを評価する仕組みがない。そのため、すでに案件化した顧客との接点ばかりに注目してしまい、大幅な営業数字の改善につなげるのは難しい。

営業デジタルシフトでは分業を推進すると同時に、途中のプロセスを評価する仕組みをつくることを重視する。具体的には、フェーズごとにKPIやKAI、理想のCVR（Conversion Rate：前フェーズから次フェーズにリードを進められる割合のことを指す）を設定し、これらの目標指標に対する実績を見ながら運用することで、改善のポイントをより俯瞰的に、かつ具体的に分析することを可能にする。

（エ）顧客プロファイルに基づく提案活動の実現

　案件や顧客にまつわるデータを活用することで、より精度の高い営業活動や、適切なタイミングでの情報提供を可能にすることも、営業デジタルシフトの大きな目的のひとつである。

　市場の顧客は自身の検討段階にあった情報提供を求める傾向が強くなっており、一方、営業側も見込度合の高い顧客に優先的にアプローチすることで打率を高めたいと考えている。これらは、マーケティングから流入してくる顧客のデータから状態を推測したり、過去にヒアリングできている検討見込時期などの情報を活用したりすることで、充分に解決可能な内容である。

　また、過去に受注できた案件とそうでない案件についても、会えている役職者の有無、提案金額、提案体制など、さまざまな項目で比較分析できれば、受失注要因をより根拠を持って議論し、それらを営業戦略にフィードバックしていくこともできるだろう。

　あくまで一例ではあるが、このように営業活動においてこれまでは可視化されてこなかった（もしくは共有されてこなかった）さまざまな情報を集約していけるようになれば、データに基づきより効率的な戦略を打ち出すことが可能になる。

4 デジタルシフトのために何が求められるのか

（ア）役割分担の明確化

　営業を組織横断的に分業していくうえでは、全体の営業戦略に対する各担当の役割分担の明確化、つまり組織設計が必要である。イ

ンサイドセールスという形態は同じでも、全体の営業戦略が違えば
その中において果たすべき役割は変わってくる。

　たとえば、超大手企業との「面」での関係構築を目指す戦略（ABM型）
であれば、インサイドセールスは主にフィールドセールスのアカウ
ント計画を共有して、案件発掘や醸成の役割を担うことが多いため、
すでにコンタクト歴にあるが疎遠になりがちな部門や人との関係の
維持継続が主要なミッションとなる。

　多数の中～大規模企業をカバレッジし、短中期的な関係構築を目
指す戦略（テリトリー型）であれば、フィールドセールスにホットリー
ドとして引き渡せる状態に案件として育成していくところまでがイ
ンサイドセールスの範疇となる、といった具合である。

　同様に、マーケティングの役割、フィールドセールスの役割につい
ても、戦略に応じて効果的なミッションは変わってくるため、分業を
進めるうえでは、全体目標に対してそれぞれが最適な役割を果たせ
るよう、マーケティング、インサイドセールス、フィールドセールス
それぞれが「全体の営業戦略の中で、何の役割を担当し、何の達成に
責任を持つのか」という役割分担を明確にする必要がある。

　なお、戦略別のマーケティング、インサイドセールス、フィールドセー
ルスの詳細な役割分担例については、Part2にてくわしく説明する。

（イ）顧客情報・案件情報に関するものさしの共通化

　役割分担を行う一方で、案件の状態について、営業組織全体で共通
のものさしをつくる必要がある。その目的は、以下の3つである。

● **関係者間でリードの状態について共通認識を持つ**……これまで
　の属人的な営業プロセスでは、見込案件に対し個人の感覚での
　み管理されていた。だが今後は組織的にアプローチしていくこ

とになるため、それぞれの見込案件の成熟度などについて、関係者間で共通の認識を持つことが欠かせない。顧客の状態を把握するため、どのような観点でチェックしていくかなど、関係者間で齟齬のないように運用設計の段階で認識を合わせておく必要がある。これまで一営業担当の感覚に頼らざるを得なかった案件状況を、より共通化されたものさしで正確に把握できるようにもなる。

● **責任部門の明確化**……リードの状態を把握することは、責任部門を明確にするうえでも必要である。リードの状態に応じて、誰がどのようなアプローチを行うか、どんなステータスまで育成するか、もしくは前フェーズに戻して管理をするかなどを判断する。

● **データの分析をしやすくする**……データ活用を推進していくには、バラバラの指標では比較分析が困難である。共通の基準や管理項目を定めることで、有意なデータとして活用できる。

（ウ）SFAの活用

これまで一人の営業担当ですべて完結していた営業プロセスを、マーケティング、インサイドセールス、フィールドセールスなど複数人で分業して実施するには、これまで属人的に閉じられていた顧客や案件の情報を、組織に開示・共有し、連携する必要が出てくる。加えて連携したデータを蓄積することで、営業全体のマネジメントや戦略に生かすことも可能になる。ただし、情報を組織的に使えるデータにするには、少々工夫が必要だ。営業デジタルシフトを進めるには、データ共有基盤の整備は必要不可欠といえる。

そこで活用したいのが、いわゆるSFA（Sales Force Automation）と呼ばれる営業支援管理システムである。salesforce.com社の製品な

どのクラウドサービスが有名だが、SFAの基本的な機能には以下のようなものがある。

- 顧客プロファイル管理（企業の基本情報や連絡先一覧等）
- 顧客への行動履歴管理（誰に、誰が、いつ、どのようなアクションをとったか）
- 顧客への提案履歴管理（どんな提案を実施して、どんな結果だったか）
- 顧客に関するTo Do管理（次回、誰がどんなアクションを行うか）

（エ）顧客情報や案件情報のスムーズな共有・連携

　SFAを活用することで得られるメリットは大きく3つある。1つめが顧客情報や案件情報のスムーズな共有・連携だ。各自のアクションやそこで得た情報をSFAに蓄積していくことで、顧客や案件の情報をスムーズに関係者間で連携できる。これができていないと、フェーズ間の引継ぎに膨大な工数がかかるうえに、引継ぎ漏れなどのロスも発生しやすい。また「顧客に対して以前のアプローチ内容を知らずに不適切なアプローチをしてしまう」といった顧客の心証を害するような事故が起きることは明らかだ。

　関係者間のタスク管理にも、SFAが提供しているTo Do管理機能が便利である。顧客情報に紐づいて、当該顧客に対する次回アクションの内容、担当者、時期などを登録することで、時期が来るとアラートをしてくれるほか、たとえ担当者が替わっても後任がそれを見ればやるべきことを把握することができるため、顧客への連続性のあるアプローチが可能になる。

　たとえばフィールドセールスがホットリードとして訪問をしたが、

直近の案件化は見込めず中期的なフォローが望ましいため、インサイドセールスによるナーチャリングに戻そう、といった判断になったときのフォロー主担当者の引継ぎにも活用できる。

このように、日々の業務を支援するツールとしてSFAの活用が進めば、現場担当にとってもSFAへのデータ入力が負荷ではなくなるうえに、日々のアクションや行動がデータとして蓄積されていく。

（オ）マネジメントへの活用

SFAの活用による2つめのメリットは、データに基づくマネジメントが可能になる点だ。日々の電話、メール、訪問で行った活動内容をSFAに記録していくと、自然と訪問件数や電話件数、メール件数といった行動指標のデータが蓄積される。（イ）で顧客や案件に関するものさしが必要と述べたとおり、営業プロセス全体を俯瞰して効率化を図るのに、案件になる前段階の各フェーズを評価する指標が必要である。KAI（Key Action Indicator：行動指標）も重要な要素である。

なお、どういった指標を確認し、どういったプロセスの見直しに活用できるかについては、8章で解説する。

SFAの活用はKAIの管理に限らず、受注件数や金額、案件状態ごとの件数金額見込みといった情報のレポート作成も容易になるため、営業組織として経営への報告の効率化にもつながる。

（カ）分析用の案件データの蓄積・活用

SFAの活用メリットの3つめは、データベース化によって営業活動の精緻な分析が可能となる点である。エクセルなどで情報管理をしていると、担当ごとや案件ごとに独自化されたフォーマットで管理されることがままある。だが、あらかじめ定めた共通の管理項目をSFAのシステム設計に落とし込むことで、使いやすくなるうえに自

48　2章　商材・顧客の変化にあわせた営業活動

然とデータとして蓄積することが可能になる。

　情報の粒度や形式が揃うことにより、集計が容易になるほか、案件間での比較や参照もしやすい。また、SFAはレポート機能も充実していることが多いため、ここで蓄積されたデータを用いて分析できるようになる。リードの管理に関してはSFAではなく、MA（Marketing Automation）の活用もお勧めする。とくにデジタルマーケティング施策とインサイドセールスのリードフォローには非常に強力なツールだ。

02　企業/顧客セグメンテーションの例

1　目指すゴールによって営業戦略を変える

　この本を手に取ったみなさんは、どのような顧客との取引獲得を目指しているだろうか。これまでまったく取引したことのない顧客との新規取引の獲得なのか、それともすでに取引のある顧客との取引領域の拡大なのか、どちらを重点的に強化したいと考えているだろうか。ひと口に「営業活動」と言っても、その中身はさまざまである。ターゲット顧客を大まかに、下記のように区分してみよう。

　a　取引もなく、接点もない企業
　b　取引はないが、接点はある企業
　c　取引があり、接点もある企業
　このとき、究極的にはすべてのターゲット顧客をcのステータス

に持っていくこと、もしくはcの企業からより多くの取引を獲得することが営業活動のゴールといえる。しかし、aをb、bをcに持っていくことは、既存顧客や既存取引部門との関係深耕やそこからの案件獲得に比べると、非常にパワーがかかる。また、cの企業からさらに多くの取引を得るには、既存取引に対する満足度のケアなど、新規顧客の獲得時には発生しなかった要素が増えるだろう。

そもそも、どのような商材を取り扱っているのか、ターゲット顧客はごくわずかなのか無数にいるのか、1社当たりから期待できる売上がいくらなのかなどによって個々の顧客に対して割ける営業工数も大きな違いがあるはずだ。読者の方々が自組織にとってより効果的な営業デジタルシフトの形を具体的にイメージすることができるよう、本書ではいくつかの実行モデルに分けて進め方を紹介していく。

2 顧客をセグメンテーションし実行モデル検討に備える

（ア）分析群の策定（セグメンテーション）

効果的な戦略を立案するには、まずは対象の姿をある程度具象化した状態にする必要がある。たとえば「現時点で取引のない企業から売上を立てよう」といった、ざっくりとした切り口で戦略を立てた場合、課題も決裁プロセスもまったく異なる超大手企業や中小企業に同一のアプローチをするようなことになり、どちらに対しても曖昧な戦略になりかねない。また、かけるべき営業リソースの判断も誤るだろう。

こうしたことを避けるには、まずは広大な市場を、たとえば売上高等の特定の切り口で「群（セグメント）」に細分化する必要がある。さまざまな切り口が考えられるが、自社商材（ビジネスモデル）の特

性と照らし合わせて、戦略の変わり目で取捨選択すると良いだろう。業種によって使い方が変わる製品やサービスを扱っているのであれば業種別、海外対応に強みがある製品やサービスなら海外展開の有無で企業をセグメントする。ここで参考までに、あるIT企業で検討した切り口の例を紹介しておこう。

　業種/企業規模（売上高）/拠点数/企業成長率/競合導入状況/IT投資意欲DI/従業員数/拠点数/海外展開の有無/研究開発費用規模など

（イ）顧客分析（ターゲティング）

　次に、（ア）で設定したセグメントごとに期待できる売上ポテンシャルを見極め、その期待値に応じてかけるべき営業リソースを判断する。売上ポテンシャルの算出の仕方には、①セグメントごとに顧客リストを自社売上順に整理し、②外れ値（上位・下位5%）を除いたうえで、セグメントにおける自社売上平均値を算出するという方法がある。算出された平均値との乖離が大きいほど売上ポテンシャルが大きい＝維持、もしくは平均値まで売上を伸長させる顧客として考えることができる。

（ウ）優先群の策定＆強みの整理（ポジショニング）

　（イ）を各セグメントで検証し、ポテンシャルが大きい顧客の多いセグメントを「優先攻略市場」と設定したら、そこに向けて自社の強みの明確化と顧客への訴求の仕方を考えていく。顧客層に応じて、何が課題なのか、決裁権を持っているのはどこなのか、競合がどのような戦略でアプローチしているかなどを明らかにしたうえで、作戦を立てていく。それにより、どのような企業をターゲットとし、どのようにアプローチするのかが明確になる。

最適な営業モデルの選択

　ここまでで、目指すゴールによって、また顧客層や優先すべき市場によっても営業戦略は変わってくるということがおわかりいただけたのではないだろうか。そこで本書では、「ABM型」「テリトリー型」「カバレッジ型」という、3つの営業実行モデルを軸に解説を進めていく。

　本書は原則として、営業戦略の立案から営業活動の実施までを、自社で一貫して行うことを想定した解説となっている。セールスから顧客への価値提供まで、すべて自社で対応する場合(ダイレクトセールス型)や、実導入や金流にパートナー企業がかかわったとしてもセールスは自社で実施する場合(インダイレクトセールス・ハイブリット型)などが当てはまる。

　一方、営業支援(製品CMなど)は自社で行っても、実際のセールスや導入までのフローはすべてパートナー企業が行うようなビジネスモデル(インダイレクトセールス・パートナー単独型)の場合は、営業の主体が変わるため、本書の実行モデルをそのまま適用することは難しい。注意が必要である。

1 主要な実行モデルとその目的

(ア) ABM型

　「ターゲット企業内でのインナーシェアの最大化」を目指し、個社から売上をどう立てるか(=アカウントプラン)を営業戦略の軸とする。

特定個社（およびそのグループ会社）との関係深耕や面での関係性構築に注力し、1社当たりで最も営業工数を割くモデルといえる。

（イ）テリトリー型

「ターゲット企業群での市場シェアの最大化」を目指し、特定のターゲット企業群から売上をどう立てるか（＝テリトリープラン）を営業戦略の軸とする。ABM型と比べて、多くのターゲット企業の顧客マネジメントを効率的に実施することを重視するが、カバレッジ型よりターゲットアカウントが特定されていることを前提とする。

（ウ）カバレッジ型

「ターゲット市場における市場シェア拡大」を目指し、個別の企業に対し営業を配置するのではなく、マーケティングなどを通してそれにマッチする顧客ニーズの喚起を行うことを営業戦略の軸とする。

2 3つの軸で判断する

自らの営業組織で適用すべきモデルを、どのように判断すればよいか。原則として3つの観点から判断することができる。

(a)顧客軸：ターゲット顧客の企業規模数
(b)営業リソース軸：ターゲット企業1社当たりに対してかけられる営業工数
(c)ソリューション軸：商材のカスタマイズ度合い

以下、それぞれの軸で実行モデルをどう判断するかについて詳述しよう。

（a）顧客軸

　最もわかりやすい軸が、ターゲット顧客の企業規模や数から判断する例である。

　ABM型においては、個別ターゲット企業に集中的にリソースを投下し、中長期的な関係構築のための施策を打つ以上、リソースに見合うだけのインパクトが得られるかどうかが重要である。具体的には下記のようなケースが考えられる。

- ● ターゲット企業が多岐にわたる部門やグループ企業などを有しており、現状自社で獲得できているインナーシェアが限定的でホワイトスペースが大きい場合
- ● 顧客にブランド力があり、関係深耕により市場全体への大きな影響が見込まれる場合

　条件に当てはまるのは一般的に超大手・大手企業が中心となりがちだが、中堅企業であっても、業界の中で注目度の高い存在であれば、当該企業との取引が市場全体へのPRとなり、同業界の別企業に認知され、さらなる案件創出につながる可能性もある。

　ただし、ABM型の適用は多くの営業リソースを必要とするため、対象企業数を限定する必要がある。その点、1社当たりから期待される売上収益がそこまで大きくなく、より多くのターゲット企業に効率的にアプローチしていきたい場合にはテリトリー型の適用が適切である。

　具体的には、大規模〜中規模の企業を対象とする場合や、数十社〜数百社の単位でターゲットアカウントがある場合などである。一般的には、業界/業種、地域等、ある一定の共通属性でくくった企業群を対象とすることが多い。

また、そもそもターゲット企業を絞り切れない場合というのも存在する。たとえば業態や業界に仕様が左右されない共通的なソリューションを扱い、中小規模の企業が中心になる場合や、ターゲットとなりうる顧客が無数に存在する場合などである。

　これらのような場合は、ターゲットを「企業単位」で扱うのではなく「市場」として取り扱うカバレッジ型での適用が適切である。カバレッジ型においては、ABM型やテリトリー型と違って個別アカウントの管理は行わないことが前提になる。

　ただしマーケティングを実施する際には、STP(セグメンテーション/ターゲティング/ポジショニング)は行うので、注意してほしい。

(b) 営業リソース軸

　自社の営業部門のリソースとの兼ね合いから、実行モデルを決めることもできる。

　ABM型においては、複数部門・重要関係者を開拓するためにも、担当社数は限定的とし、1社1社のフォローに十分な労力が割ける体制づくりが必要である。

　一方、1人の営業(フィールドセールス)当たりの担当社数が多い場合、つまりABM型ほど1社に対し工数がかけられない場合は、テリトリー型が適切だといえる。

　もしくは営業担当の個社対応を極力行わない方針である場合は、カバレッジ型の適用が考えられる。カバレッジ型においては、インサイドセールス中心に顧客アプローチをするケース、オンラインでの注文で完結するようなケース、パートナー経由で販売するケースなど、営業(フィールドセールス)の介在をかなり限定的にすることが多い。

（c） ソリューション軸

　提案できる自社のソリューションの種類・特性も、ターゲット顧客の企業規模などと同様に期待収益に直結するため、重要な判断軸である。

　たとえばABM型を適用したとして、複数部門との関係を広げても課題に対し提供できるソリューションや商材を持ち合わせていないという状況では、売り上げは見込めない。規模の大きな企業になるほど全社課題は複雑かつ中長期的な取り組みを要するものとなる。自社の武器となる商材を洗い出し、顧客別にあった形へ商材をカスタマイズできるかどうかを分析のうえ、企業対企業として中長期的に付き合う中で提供できる価値があるという場合にはABM型が適切と判断することができる。

　一方、ABM型のように顧客のニーズを主軸に複雑・多様なソリューションを取り扱うのではなく、あらかじめ注力するソリューションを定めたうえでアプローチしていきたい場合は、テリトリー型の適用が適切である。例を挙げると業界／業種特化のソリューションを扱う場合である。とはいえ、顧客に合わせたカスタマイズを行わないソリューションの場合、テリトリー型による顧客単位ごとの管理を行うメリットは薄く、カバレッジ型で取り扱うほうが高い効果を期待できるため、ある程度顧客にあわせ、カスタマイズすることを想定している場合に効果的なモデルといえる。

　カバレッジ型では、カスタマイズ前提のソリューション提供ではなく、原則としてパッケージ化された（レディメイド型）ソリューション、もしくはカスタマイズが最小限のソリューションが基軸となる。カバレッジ型で扱うのはアカウント1社当たりの売上収益が少なく、1社に対し多くのリソースを投下しにくい企業が多い領域が対象となっている

からだが、逆に売上高だけで見れば ABM 型やテリトリー型が適用されそうな大手企業でもソリューションにカスタマイズ性がない場合は、まとめてカバレッジ型でアプローチするということも考えうる。

3 実行モデル選択時に考慮すべきその他の要因

(d) 顧客課題

　複雑かつ長期的な施策での解決が必要な顧客課題に対する提案を行う場合、複数の関係者や複数部門に対するアプローチを通じて課題を深堀りしていくことができる ABM 型でのアプローチが有効だ。

　一方、特定の部門や業種、地域において存在する課題に対して提案を行う場合は、ある程度アプローチすべき先なども限定されるため、一定の属性でくくったアカウントに対して共通アプローチを行っていくテリトリー型で充分にカバー可能と考えられる。

　逆に顧客課題起因というよりも、マーケティングなどで自社商材の魅力などを伝え、顧客ニーズの喚起を目指す場合は、カバレッジ型での戦略立案が有効だといえる。

(e) 目指す関係性

　中長期的な視野で、顧客との面での関係性を構築していくことを目指す場合、つまり複数部門やグループ企業と取引を並行していくことを目指す場合は、ABM 型を適用し、個社分析を深めていくことが有効であろう。

　一方、比較的短期的な関係構築の中で受注を目指していく場合、一社一社に対する深追いをしない場合などは、個別アカウントへの営

業を配置しないカバレッジ型が適当となる。自社対個別ユーザーという関係性を構築する必要性が薄く、マーケットとして相対するイメージである。

　カバレッジ型のように顧客をマーケットとしてくくることは難しい、つまり個別アカウントとの関係性が重要ではあるが、ABM型ほど1社ずつ面での関係性構築のための活動にリソースを割くことが難しい場合は、テリトリー型を適用するとよい。アカウント管理を行いつつ、短期〜中長期的な関係構築・深耕の中で取引拡大を目指す。

図2 ｜ 実行モデルの選択チャート

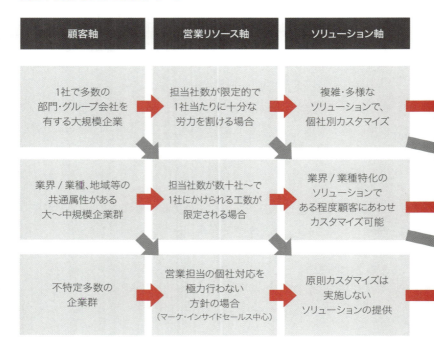

4 実行モデルの選択チャートと実際の例

　ここまで述べてきたように、実行モデルは顧客規模などから判断される売上ポテンシャルと、そのほか複合的に絡み合った要素の掛け合わせで判断することになる。それらをチャート形式で表すと次の図のようになる。実行モデルの選択に活用してほしい。

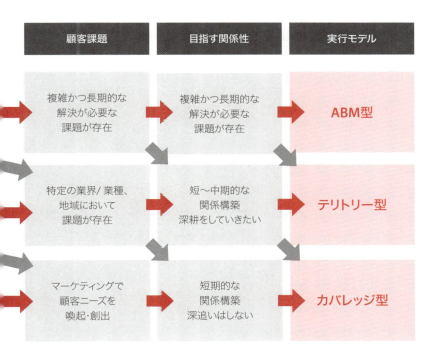

ここで、営業戦略に基づいて実行モデルを決めた例をいくつか紹介しよう。

> **（例1）ある超大手企業を担当するケース**
>
> もともと超大手企業グループ数社を担当する営業組織として組成されている。複数の部門やグループ会社にあるホワイトスペースを攻略したいという営業戦略のもと、**ABM型の適用を決めた。**

> **（例2）ある特定業界向けソリューションを担当するケース**
>
> 業界特化型のソリューションを取り扱っており、注力するソリューションが明確なことから、企業規模を問わず業界属性でくくり、**テリトリー型での攻略を決めた。**

> **（例3）ある特定ソリューションの販売を担当するケース**
>
> レディメイド型（パッケージ型）の製品を取り扱っており、ターゲットが個人～中規模事業者まで広範囲にわたることから、**カバレッジ型で戦略を立案した。**

5 複数モデルの組み合わせを考える

なお実行モデルの適用を考えるとき、現状の自組織の管掌範囲に適した実行モデルが必ずしも対応関係にあるとは限らない。すなわち、自組織の戦略を考えるとき、担当顧客群に応じて基本的にはテリトリー型で実施するが、一部の担当企業群についてはABM型で戦略を立案しよう、というように、複数のモデルの組み合わせが必要になることもある。

60 2章 商材・顧客の変化にあわせた営業活動

いくつか例示しよう。

（例1）超大手企業Xとそのグループ会社群を担当するケース

　親会社Xについては、規模が大きく、事業部門にホワイトスペースがあると考えられるため**ABM型を適用**。一方、子会社に関しては各社独自性があり、必ずしも親会社との関係性が営業戦略に影響してくることがないため、「Xの子会社」というくくりで**テリトリー型を適用**した。

（例2）ある業界を担当するケース

　「業界」という属性においてはすでにテリトリーにくくられているといえたが、大中小さまざまな規模のターゲット顧客が数多く存在するため、**大手についてはABM型／中堅についてはテリトリー型／中小についてはカバレッジ型**というように、企業規模に応じてさらに戦略を分けることとした。業界が同じでも、規模や種類によって1社当たりの構造が大きく異なるため、大手〜中堅までは直接アプローチをしながらアカウントマネジメントを実施するABM型／テリトリー型、中小規模事業者は自社からの営業にこだわらずパートナー業者とも連動しながらカバレッジの最大化を狙うカバレッジ型を適用する判断となった。

6　それぞれのモデルにおける役割分担の違い

　それぞれのモデルの特性に応じて、マーケティング、インサイドセールス、フィールドセールスの役割分担は大きく変わってくる。それぞれのモデルにおける役割定義の詳細は7章以降を参照いただきたいが、概要を述べると次のとおりである。

（ア）ABM型

3つのモデルのうち、トップリレーションなど顧客関係を最も重要視するため、フィールドセールス（営業）が主軸となりつつ、マーケティングやインサイドセールスのリソースと連携して計画を立てる。また、ポストセールスとの連携も必須である。マーケティングは、たとえば、フィールドセールスのみでは突破困難な上位役職者などに対し、エグゼクティブ・ミーティングなどの関係構築の場を創出するなどの役割を担う。

（イ）テリトリー型

比較的多数のターゲットアカウント群をカバレッジする必要があるため、フィールドセールスは案件クロージングを中心に担い、新規案件の発掘や育成（広く顧客をカバレッジし、コミュニケーションを介してリードやパイプラインを見出すこと）はインサイドセールスの役割とするケースが多い。マーケティングはターゲットアカウント群のうち1社でも多くの顧客との接点を増やすべく支援を行う。なおパートナー企業と共同で提案や販売を実施するケースもある。

（ウ）カバレッジ型

原則顧客ごとの営業配置をしないため、マーケティングが中心となり、デマンドジェネレーション（案件創出）を実施する。商材によって例外もあるが、クロージングもオンラインでの注文やインサイドセールスで実施することが多い。マーケティングの果たす比重が他のモデルに比べて最も大きく、マーケティングが潜在顧客発掘に向けた幅広いアプローチの実施、自社ソリューションの認知拡大を担う。なお、パートナー経由で販売するケースも多数ある。

Part.

2

営業デジタルシフトの
実践フェーズ

3章

事業戦略策定と
部門間アライメントの構築

本章では営業デジタルシフトの実践を前に、その活動を左右する事業戦略の重要性を解説する。キーワードとなるのは、「アライメント（alignment）」である。協力、連帯を意味するアライメントは、マーケティングと営業のつながりが核となる営業デジタルシフトでは不可欠な要素といえる。

　経営方針と日々の営業活動を結びつけ、施策の位置づけと部門間連携のあり方を明確にするには、どのような事業戦略を策定すればよいのか、代表的な策定モデルに基づいて具体的に見ていく。

営業デジタルシフトに対応した事業戦略とは

1 事業戦略の策定モデルの特徴

　営業に携わっている読者の中には、「なぜ事業戦略をここで扱うのだろう？　営業デジタルシフトとは営業戦略の改革なのでは」と捉えている人もいるだろう。日本の企業では、営業なら営業の戦略、マーケティングならマーケティングの戦略と、部門や機能に分けて戦略を定めるところが多い。そのため、各論の前に事業戦略を取り上げることに違和感を覚えてもおかしくはない。

　しかし営業デジタルシフトでは、事業戦略こそが重要となる。なぜならマーケティング、インサイドセールス、フィールドセールスのアライメント（密接な連携）の実現が、営業デジタルシフトの成否を分けることになるからである。それぞれの機能の戦略も、事業戦略

の策定プロセスの一環として位置づける必要がある。

　ここで本書での事業戦略の定義を説明する。一般的に事業戦略は、経営のある事業領域の業績を向上させるための方策や社内外で利用できる資源の配分をまとめたものになる。

　まず、営業デジタルシフトの実施状況に関わらず、事業戦略には次の内容が挙げられる。

〈事業戦略の主な項目〉

- ミッション
- 事業を通じて顧客へ提供する価値
- 事業の目的
- 売上、粗利益、事業損益、マーケットシェアなどの事業達成目標数値の年度別推移
- STP（セグメンテーション、ターゲティング、ポジショニング）分析
- SWOTなどの自社分析
- 製品・サービスの開発、製造にかかわる資源配分
- 製品・サービス開発、製造、デリバリー計画（物の場合は流通計画）
- 事業にかかわる複数の組織の年度別人員構成

　これらに加えて、本章で述べる営業デジタルシフトに対応した事業戦略には営業計画とマーケティング計画も含まれ、それぞれ関係する部門間でのアライメントが重要となる。

〈営業計画の主な項目〉

販売店モデルの場合

- 販社計画
- 販社ごとのリベート施策と担当配置
- 目標値

直販モデルの場合

- 人員計画と各担当
- 部署の目標値

モデル共通

- インサイドセールスとフィールドセールスの役割ごとの、人員計画、ゴール、KPI

〈マーケティング計画〉

- マーケティング投資計画
- ブランド、製品、サービス認知施策
- デマンドジェネレーション施策の設定（10章参照）
  - □ リードジェネレーション施策
  - □ リードナーチャリング施策
  - □ リードクオリフィケーション施策

2 アライメントの重要性

では、営業デジタルシフトではなぜ部門間のアライメントが重要なのだろうか。

それは、従来の個別に策定した戦略はそれぞれの部門で部分最適

化された目標や戦略になりやすく、連携した際の全体の視点が欠けているためである。

　よく見られるのは、営業部門がマーケティングの活動とは無関係に、自部門内で完結する目標を設定してしまうケースである。確かに営業が顧客への情報提供に大きな影響力を持っていた時代は、マーケティングが営業と関わることなくブランド認知に注力していても一定の成果が出ていた。しかし顧客が自ら情報収集するようになった現在、そういったやり方では売上は頭打ちになり、業績に対する営業の貢献度も相対的に低下することになる。

　またマーケティングが、発掘するリードの数を目標設定する際、自部門の視点だけで検討すると、リードの数を重視するマーケティングと、リードの質（案件化や成約率）も求めるインサイドセールスやフィールドセールスとの間で利害のずれが生じる恐れがある。

　特に日本では営業の力が強い企業が多く、日々の活動に加えて戦略でも営業が主体でマーケティングは従属的な立場に置かれる事例がしばしば見られる。しかし、営業デジタルシフトによって営業活動の分業が始まれば、互いの業務を理解して、それぞれの機能が対等な関係で活動を行う必要性が生じる。そこで、上位層だけでなく現場の担当者のレベルでも部門間でオープンに議論できる関係を構築するため、戦略策定の段階からアライメントを目指すことが重要となる。

　本章で扱う事業戦略の策定モデルは、関連部門が共同で大元となる事業戦略を策定し、それに基づき機能別の戦略を決めていく。部門間のアライメントの実現を図る点が大きな特徴であり、事業全体の目標から部門ごとの実行計画まで一貫性がある点が、従来の事業戦略との違いとなる。

69

部門間のアライメントを重視するということは、戦略策定チームには各部門から人を募ることになる。具体的には、営業企画や営業部門、インサイドセールス部門、マーケティング部門の責任者が含まれるほか、企業によっては製品開発部門の責任者なども参画する可能性がある。これも営業デジタルシフトならではの特徴といえよう。本書の事例に登場する各社が、いかにこのアライメントをするために、注力し、工夫しているかは第3部を参考にしてもらいたい。

3 事業戦略の策定にあたって

　事業戦略の策定に複数の部門が関わるために、決定までは従来よりも複雑な手順を踏むことになる。そこで次節では、1項で取り上げた〈事業戦略の主な項目〉については解説を割愛して営業デジタルシフトと密接に関わる〈営業計画の主な項目〉ならびに〈マーケティング計画〉に焦点を当て策定プロセスを4つのステップに分けて、各段階での課題やゴールポイントを解説する。

　前提として、次年度の経営戦略は確定していると考えてほしい。経営戦略で主に検討されるのは、売上目標、会社全体の成長目標、利益率、成長領域や重点的な投資先など事業ポートフォリオである。それを踏まえてKGI（Key Goal Indicator；重要目標達成指標。ビジネスの最終目標を指標化したもの）を決定したうえで事業戦略の策定が開始される。その際、前項で述べた部門横断でメンバーを集めた事業戦略策定チームの立ち上げや、事業戦略の策定計画（これから解説する各ステップの進め方）の検討なども先立って準備しておく必要がある。

　事業戦略の策定プロセスには、営業プロセスに関わるすべての部

門の戦略策定が組み込まれていることから、営業に携わる人々はマーケティングの動きを把握して連携する必要があり、その逆もまた然りである。そのため、解説ではマーケティングに関わる動きにも言及する。

ただし、実際の策定はステップどおりに進めることよりも、合意が得られるまで何度も話し合ったり、新たな関係者を巻き込んだ会議を設定したりと、必要に応じて自律的に議論していくことが重要となる。あわせて、残念ながら現在多くの日本企業では実践できていないが、いったん確定した計画を実行に移してからも、必要に応じて部門間で計画の修正を議論することも必要となる。

事業戦略策定の4ステップ

ステップ1　事業戦略の前提整理

最初のステップでは、暫定版の顧客セグメンテーションの検討を中心に、市場分析、直近のマーケティング戦略の選択、オポチュニティの決定、販売チャネルの優先順位を検討する。このステップに関わるのは、営業企画、営業、マーケティング、インサイドセールスなどの責任者である。

（ア）顧客セグメンテーション（暫定版）の検討

事業全体の予算達成に向け、顧客のセグメンテーションを暫定的

にでも完成させることが最初のステップとなる。セグメンテーションの基準には、業界、企業規模、地域、商材などの観点が挙げられる（2章2節参照）。市場の競争環境分析の結果を活用しながらセグメンテーションし、それぞれのセグメントで想定される売上を検討していくことになる。

（イ）直近のマーケティング戦略の選択

マーケティング施策の効果を高めるためには、ターゲットを明確に設定して事業戦略に沿ったコミュニケーションを実施することが重要となる。しかし、コンテンツ制作など施策の準備には時間がかかるため、戦略の完成を待っていては間に合わない可能性が大きい。そこで暫定版でも顧客のセグメンテーションが決定したタイミングで、直近の、たとえば次年度の第1四半期などの単位で、ほかより先行してマーケティング戦略を検討する。営業プロセスでは、時系列を無視することはできない。プロセスの起点となるマーケティングから仕掛けていくことで、その後の施策がより効果的に機能するのを期待できるだろう。

（ウ）オポチュニティの決定

（ア）で仮に定めた顧客セグメンテーションに対して、自社の事業のどこにオポチュニティ（商機をもたらすポイント）があるか判断を下す。具体的には、どの業界、企業規模、地域、商材などで自社の強みを発揮し、予算達成につなげるのかを決定することになる。これらは顧客セグメンテーションの判断基準でもあることから、並行してセグメンテーションの更新作業も進めるとよい。

検討にあたっては、次の4点に着目すると整理しやすい。

- 作成した顧客セグメンテーション（暫定版）のデータ
- 販売チャネルごとの過去実績
- 近年の市場トレンドのデータ
- 各種KPIやKGIの達成状況

　さらに、各セグメンテーションへの活動に割り当て可能な工数や、必要となる投資の種類や量などを見極めて、最終的な決定を下すことが重要となる。

（エ）販売チャネルの優先順位づけ

　複数の販売チャネルを持つ場合、どれを中心に営業を進めるか、優先度やバランスを決定する。具体的には、フィールドセールスによる直販、インサイドセールス、オンラインでの販売などの選択肢があり得る。

　（ア）〜（エ）を検討する過程では、事業全体の予算と顧客セグメンテーションに基づいてボトムアップで積み上げた予算とのギャップをいかに埋めていくかについても、常に考えていく必要がある。この検討は次のステップ以降でも、必要に応じて繰り返し行うこと。
　ステップ1での決定は、ステップ2以降の事業戦略の精緻化や各部門の実行計画など、営業戦略全体を方向づけるものとなる。最終的にすべての部門間で整合性をとれるよう、営業以外の視点からも十分に議論して、互いの理解を深めることが重要となる。

ステップ2 顧客セグメンテーションと部門間でのアライメント

この段階では暫定版だった顧客のセグメンテーションを確定させ、関連する部門間のアライメントを図りながら事業戦略の各項目を調整する。このステップに関わるのは、引き続き営業企画、営業、マーケティング、インサイドセールスなどの責任者である。

（ア）顧客セグメンテーションの確定

事業全体の予算達成が可能な顧客セグメンテーションを確定させる。最終的にはそれぞれの顧客がどのセグメントに属していて、どのチャネルからどの商材を売っていくのかを明記した顧客リストを作成する。

（イ）関連部門間でのアライメント

（ア）を踏まえ、ステップ1で決定していたオポチュニティや直近のマーケティング戦略を再度見直し、必要に応じてアライメントについて事業戦略と絡めて調整を図る。

その際、営業やマーケティングが互いの認識をすり合わせて、合意形成を図ることが重要となる。次のステップ3では、各部門が確定した顧客セグメンテーションに基づいて、より具体的な実行計画を立てることになる。そこで、それぞれのセグメンテーションへのアプローチの方向性が一致しているかを前もって確認し、なおかつすり合わせた方向で検討を進めると合意しておくことは必須である。この工程を踏むことで、各部門で検討する実行計画の、部門間連動を担保する。

事業戦略の策定全体を見渡しても難度が高い工程ではあるが、営業デジタルシフトの利点を最大限生かすには外すことができない。関係者での会議を重ねて合意形成を図ってほしい。

ステップ3 実行計画の策定

　ステップ2で作成した顧客リストに基づいて、部門ごとの実行計画を策定していく。主に各部門の部長クラスが、指導的な役割を果たす。本書はあくまでも営業にフォーカスした解説を目指すため、ここでは営業部門に絞って計画策定の注意点を述べる。

（ア）営業部単位での実行計画の策定

　営業組織は複数の部署に分かれている場合も多い。部門で立てた事業戦略は、部単位の実行計画に落とし込んでいく必要がある。実行計画には予算編成の立案やKPIの設定、スケジュールの設計などが含まれる。

　各部への予算配分は、リストアップされた顧客の担当に応じて決めるのが原則である。ステップ1でも言及したとおり、ボトムアップで積み上げて算出した予算と実際に割り当てられた予算にギャップがあれば、それを埋める取り組みも検討する。

　KPIの設定については、8章で詳細を述べる。他の部門とのアライメントに適った指標を設けるのが重要となる。

　スケジュールは、年間を通じて活動の大まかな目安となるマイルストーンを設定し、続いて業界や自社、顧客などに関係の深いイベント、次いで製品ローンチのタイミングなどを踏まえて、タスクごとのスケジュールを策定する。

（イ）計画の練り上げ

　部門ごとにいったん計画を立てたところで、最低でも1回はステップ2までに関わった各部門の責任者が参加するワークショップ形式

での会議を開催して、意見交換を行うことを推奨する。計画をいろんな角度から検討し、実効性の高いものへと練り上げるためである。

ワークショップは単なる報告会ではなく、参加者の自律性を重視して自由な議論によって懸念点の解消を目指す場だと考えてほしい。具体的には作成した実行計画を報告したうえで、次の項目について議論する。

- ● ワークショップ内での検討事項と部単位での検討事項の切り分け
- ● 実行計画に含まれる戦略や戦術の有効性と採用可否
- ● 各戦術のこれまでの実績・成熟度
- ● 各戦略の実行に必要なリソース
- ● KPI・KGI(他部門と調整が必要な場合、責任者に交渉を依頼)
- ● 戦略や戦術の割り当て(課や担当者単位)
- ● 実行計画の完成期日
- ● 議論を踏まえて更新した活動スケジュール

議論を受けて営業部門に持ち帰った後は、実行計画をブラッシュアップし、さらに営業活動で必要な投資(インセンティブなど)の種類と金額などを確定させれば、部単位での検討は完了する。

(ウ) マーケティング計画との連動確認

(イ)の段階では、マーケティング部門の実行計画が、営業部門の実行計画との連動性を確認する作業が必須となる。具体的には各部門の実行計画のスケジュール(いつ、どの顧客に対してアプローチするのか)と施策を照らし合わせて、時期ごとのマーケティング施策のターゲットを明確化し、その施策によりどのようなリードを獲得するのかを、マーケティング部門と営業部門とで合意させておくことが挙

げられる。

　双方の計画の連動性を確認するにあたっては、部長レベルだけではなく実際に営業活動に取り組む担当者も、マーケティング活動が自らの営業活動とどのようにつながり、どのような影響が考えられるか、営業プロセスの中に位置づけて理解することが必要となる。

（エ）課・担当者単位への落とし込み

　（イ）（ウ）を経て練り上げた営業部単位での実行計画をさらに細分化し、各部に紐づく課の実行計画や担当者の行動計画・目標に落とし込む。当然ながら、個人の行動計画や目標まで、マーケティングの実行計画と連動した内容になるよう意識すること。

　このように、全体の事業戦略と営業部門の戦略、営業各部の実行計画、課や担当者の行動計画や目標が入れ子構造をなし、単位が小さくなるにつれて細分化される関係にある。このような流れで定めた戦略であれば、後に取り組みを振り返るとき、成否の要因やボトルネックを解明しやすくなり、次期に向けた事業戦略の改善につながる。

ステップ4　事業戦略の経営視点でのレビュー

　最後は各ステップを経て策定した事業戦略を、経営層に提示し承認を得る段階である。このステップに関わるのは、営業企画、営業、マーケティング、インサイドセールスなどの責任者である。

　経営層に対しては、予算目標やKGIに関するエグゼクティブサマリー（事業計画書の概要を示したレポート）を筆頭に、ヒト・モノ・カネに関する投資と人員計画、営業プロセス上で実行される主要な戦略、関連する部門間でのアライメントの状況を主に説明する。アライメ

ントについては、連携の戦略と部門間で共有するリソース、スケジュールの連動性や活動内容などの詳細説明を含む。

　経営層からのレビューを受けたら、結果に基づき戦略の修正やマーケティングと営業との間で実行計画の最終調整を図る。

　ここで補足として、アライメントの先進的な取り組みを紹介しておきたい。組織規模の大きな企業では、部門間で施策の実行と責任範囲を互いに取り決める場合がある。たとえるなら、IT関連事業で見られる「サービス水準合意（SLA〈Service Level Agreement〉；サービス提供者と契約者の間で交わされる、提供するサービス内容や水準を明記したもの）」のようなものだ。マーケティングと営業であれば、マーケティングが提供するリードの数や水準、計画通りに活動が進まなかった場合の対応（提供するリードの数と質の基準の最低限度など）を定めておくことで、アライメントをいっそう強固にすることができる。

　すり合わせと調整を進め、実行に移せる状態となったところで事業戦略は確定したこととなり、策定の全工程が完了となる。

03　アライメントにあたってのハードル

1　対立を招く期待と拒絶の存在

　2節では戦略策定の一連の流れを記したが、実際は一筋縄ではいかず、相当の労力を要する。特に大きなハードルとなるのは、アライメントを進める際の部門間の対立である。

基本的な考え方として、それぞれの部門に所属する人々が他部門に対しては過度な期待を寄せる一方で、他部門からの要求に対しては不可能だと拒否しがちであることが、対立の起点となる場合が多い。特に2節のステップ1や2にある、顧客セグメンテーションを検討する場面や、オポチュニティを決定する場面で生じやすい。

2 顧客セグメンテーションで生じる対立

　顧客セグメンテーションの検討の際には、経営戦略を受けた全体目標との兼ね合いで、営業プロセスの前後に位置する部門間での対立が生じやすい。

　ここではマーケティングとインサイドセールスについて考えてみよう。マーケティングは自分たちが供給できるリード数を多くすることは難しいと考え、目標達成のための不足分はインサイドセールスがCVRを上げて埋めることを期待する。一方のインサイドセールスは高いCVRの達成は困難だと捉え、目標達成に向けてマーケティングのリード数を増やすよう要求する、といった対立が想定できる。インサイドセールスとフィールドセールスとの間でも類似の対立がしばしば見られる。

3 オポチュニティの決定で生じる対立

　オポチュニティは、マーケティングと営業の間で認識がずれやすい傾向にある。

　マーケティングは市場トレンドに基づいてオポチュニティを判断

する。このため、一定の妥当性を持った判断ができる反面、顧客課題やニーズまで考慮した深い洞察にはならない場合が多い。一方で営業は、現場から得た経験則や自らが担当している顧客の意見を拠り所とする場合が多い。個別の事象から推測するため、内容の当たり外れが大きくなってしまいがちである。

　双方の主張はどちらも決定的に誤っているわけではなく、対立を解決する特効薬は存在しない。まずは担当者レベルで率直に意見を交わし、互いの考えについて理解を深めることが重要となる。議論を積み重ねても決着がつかなければ、最終的には各部門の責任者同士が合意した内容に従うことになるだろう。部門長には困難な交渉を乗り越えて、合意を取りつける高い折衝能力が必要となる。

04 実効性のある事業戦略策定のために

　本章で解説した事業戦略の策定モデルは、組織や事業の規模により必要とする時間は異なるが、大まかな流れはどのような企業でも応用可能だと考えている。営業デジタルシフトの要となるプロセスセリング（営業活動の分業と標準化）を機能させるには、部門間のアライメントを軸とした戦略策定が欠かせない。加えてプロセスセリングの実践によりデータが整備され、部門間共通のデータベースが構築されれば、事業戦略の有効性はより高まるだろう。

　ただしアライメントの構築をはじめ、1節の3でも指摘したように、策定プロセスを形式的になぞるだけでは、事業戦略はすぐさま絵に描いた餅と化してしまう。それぞれの部門から参加するメンバーが

一丸となって、各々が自律的に検討と議論を重ねることで、初めて実効性の高い事業戦略をつくり上げることが可能となる。

その点と関連し、戦略を実行する段階では、各部門の活動を有機的に機能させるためのオーケストレーションも、また重要となる。オーケストレーションとは、実際のオーケストラでプレイヤー個人が自分の演奏レベルを高い水準で維持しながら、パート、セクション、オーケストラ全体のそれぞれと協調することを求められるのと同様に、自分自身の役割を果たしつつ、チームや部署や他の部門とも協働することの重要性を強調した概念である。

本書では基本的にマーケティング、インサイドセールス、フィールドセールスの三者を関係者として想定しているが、実際にはそれぞれの部門内にも複雑な役割分担があり、対立はより重層的なものになりうる。中には自らの限られた役割の範囲にこだわり、組織内での協働には消極的な態度を示す人も出てくるかもしれない。企業によっては製造や開発など、さらに多くの部門が事業戦略に関わる場合も考えられる。その場合、戦略策定の困難さがますます強まることは言うまでもない。

本章で取り上げた内容は、あくまでも最低限の要素であることを理解し、実際の戦略策定にあたっては多くのハードルが立ちはだかることを覚悟して臨んでほしい。最終的に部門間や部門内とさまざまなレベルでのオーケストレーションが実現される状態を目指して、困難ながらも極めて重要な事業戦略の策定プロセスを実践していただきたい。

4章

ABM型モデルの概要

ABM型モデルの特徴と目的

　ここからは、2章で触れた3つの営業モデル（ABM型／テリトリー型／カバレッジ型）の特徴と実際の進め方について解説する。まず本章で取り上げるのは、ABM型である。ABMとはAccount Based Marketingの略であり、本書では以下のように定義する。

> **ABM型モデル**
>
> ターゲットをアカウント（＝企業）単位として、企業ごとに最適な施策を実行し、中長期的な関係性を維持発展させ、インナーシェアの最大化を目指す営業モデル

1 従来のアカウント営業との違い

　定義だけを見ると、BtoB営業の現場で従来から見られる「アカウント営業」とは、一体何が違うのか？　という疑問が湧くかもしれない。
　日本でかねてより大切にされてきた「顧客企業の担当のもとへ足繁く通って信頼関係を構築し、顧客企業の悩みや課題を教えてもらう」というスタイルでは、つき合いのある部門とは深い関係が築けていた。しかしながら、自社の商材が同じ企業の他部門の課題解決に役立つにもかかわらず、顧客も自社も双方にその認識がないといった状況になりがちではないだろうか。

ABM型モデルでは、同一企業内で今まで関係の薄かった部署、あるいはグループ会社（ホワイトスペース）への開拓や関係深耕を志し、顧客企業のあらゆる部署で何でも相談できるパートナーとして認知される存在となることがゴールといえる。

　だがこのゴールを営業担当（フィールドセールス）だけで達成するのは、リソースや効率を考えても現実的とは言いがたい。そこでマーケティングとインサイドセールス、営業（フィールドセールス）でひとつのチームをつくり、明確な共通戦略のもと、デジタルツールを活用しながら効率的に顧客企業を攻略することが必須となる。

2 ABM型モデルの利点

（ア）顧客の発掘コスト

　このモデルのメリットのひとつには、まったくの新規の企業を発掘したり飛び込み営業したりするよりも、顧客や案件の発掘コストが相対的に低いことが挙げられる。数字の対比の法則をいくつか紹介しながら説明したい。

　パレートの法則をご存じだろうか。イタリアの経済学者パレートが提唱した「物事を構成する要素が全体に占める割合には偏りがあり、複数要素のうち一部で全量の大部分の割合が占められている」という統計に関する法則である。80：20の法則、ばらつきの法則、といった呼ばれ方もしており、ビジネスシーンで聞いたことがあるかもしれない。顧客分析に当てはめると、多くの企業では「上位20％の顧客で、売り上げの80％が占められている」といった状況を指す。

また米ベイン＆カンパニー社の名誉ディレクター、ライクヘルド氏により提唱された、1：5の法則、5：25の法則[※1]にも着目したい。1：5の法則とは、「新規顧客へ販売するコストは、既存顧客に販売するコストの5倍かかる」という法則、5：25の法則は「顧客の維持率を5％改善することで、利益が25％改善する」という法則である。今までまったく取引のなかった企業をターゲットに新規案件を発掘し、契約成立に至るには、広告などでの宣伝、いちからの信頼構築が求められ、商談にたどり着くのもひと苦労だ。特にBtoB取引はBtoCよりも取引額も高く、承認プロセスも複雑であることから、より難度は高い。

これらの法則を統合すると、上位20％のいわゆる「お得意様」企業内においてケアできていない領域を今一度洗い出し、既存取引で築いた関係性を活かしつつ案件開拓を図ることが、低コストで売り上げ最大化を狙う近道のひとつといえるだろう。

（イ）企業対企業の関係性に昇華させ、中長期的な売り上げにつなげる

前述のとおり、BtoB取引では商材の特徴として、金額規模が大きく、決裁に際し複雑な承認プロセスを必要とする。このため顧客サイドの商材選択においては、価格に加えて上位管理者を説得できるだけの信頼性やブランド力、タイムリーな情報提供力、社内調整力も考慮される。

近年、顧客側もインターネットを通じ容易に情報収集や複数社へのコンタクトが可能となる中、不毛な価格競争に飲み込まれないことにもABM型モデルが寄与するだろう。ABM型モデルでは、ターゲット企業の複数部門に対し関係深耕を行い、インナーシェアの最大化を図る。戦略の中には、部門の各担当へのアプローチと並行し、役員を狙いとした会談やイベントなどによるトップアプローチも含まれる。縦横ともにキーパーソンを押さえることは、限られた担当同士の個

人対個人の関係から企業対企業の関係へのステップアップを促す。

　個人対個人の関係性で成立していた従来の営業モデルでは、その属人性ゆえに自社の担当変更や顧客の人事異動により、関係が弱まってしまう懸念があった。しかし、チームで複数部署の抱える課題を網羅的に把握し、迅速かつ適切な提案を行えるようにすることで、顧客企業内全体での信頼性を高め、中長期的に競合他社の参入障壁を構築することが可能となる。

3　ABM型モデルの基本戦略

　ABM型モデルの基本的な戦略は、プラン策定と営業活動の2つの観点に分けると以下のように表すことができる。

●**プラン策定**……営業（フィールドセールス）が中心となり、個社分析・環境分析に基づく各ターゲット企業別のオーダーメイドな戦略（アカウントプラン）を策定する。アカウントプラン実行に向け、企業内のターゲット部門、役職、人物まで明確化させたコンタクトプランをマーケティング、インサイドセールスと協議しながら、それぞれのコンタクトポイントごとに役割を定めていき、実行していく。

●**営業活動**……営業（フィールドセールス）とインサイドセールスが共同で顧客を担当する。顧客マネジメント、ターゲット部門との継続的な交流、顧客関係性の構築、および商談化～成約を目指す。

以下、それぞれについて見ていこう。

02 基本戦略①
プラン策定

1 アカウントプラン策定

　営業（フィールドセールス）とマーケティング、インサイドセールスが共同で、ターゲットとなる企業別に営業戦略を立てる。売り上げ目標と企業内のホワイトスペースを明らかにし、戦略の策定とアプローチの優先順位付けを行う。次の（ア）〜（カ）の手順で進める。

（ア）ターゲット企業の策定

　事業規模・市場への影響力・自社で参入し得るホワイトスペースの大きさなどを考慮し、中長期的な関係構築へのリソース投下に見合う企業をターゲットとして選定する。

（イ）個社分析

　ターゲット顧客の課題について、オープン情報と顧客ヒアリングで得たクローズドな情報の収集・分析を実施し、各部門や主要グループ会社の関係性やポテンシャルを確認していく。切り口には下記のようなものがある。

- **企業のIR・中期計画**：企業としての中長期課題・トピックスを確認する。
- **自社データの分析**：参加イベント、ホームページ訪問履歴、営業の活動記録から興味関心を分析する。

●**顧客ヒアリング**：顧客との直近の会話内容を踏まえ課題を分析する。

（ウ）環境分析

ターゲット顧客の課題および関係業界を取り巻く課題を、外部データなどを活用しながらマクロに把握を行い、顧客を取り巻く環境・トレンドの理解を深める。切り口には、下記のようなものがある。

●**外部データ**：新聞、ニュース、帝国データバンクやFORCASなどのマーケティングデータベース　など。
●**業界団体のホームページ、業界誌**：各業界の企業が加盟する団体のホームページで、業界の概況を把握する。

（エ）提供ソリューション・商材の仮定

分析結果に基づき、各部門や役職者の持つ課題について仮説を立て、自社で提供でき得るソリューションや商材を検討する。この際、競合他社との差別化についてもあわせて考慮することが大切となる。

（オ）優先順位付け

複数の部門へアプローチを行うに際し、顧客課題・顧客内予算・タイミングといった観点から優先順位を考え、リソース配分を行う。切り口には、下記のようなものがある。

〈優先順位「高」〉
　・課題：短、中期的に明確に案件・具体的な課題が存在
　・予算：予算額が大きい
　・タイミング：減価償却が終了・更改間際

〈優先順位「中」〉
・課題：該当部門・グループ会社において、長期的に解決すべき
　　　　課題が存在
・予算：今後投じられる予定あり
・タイミング：数年後更改予定

〈優先順位「低」〉
現時点では短・中・長期的に特定された課題がない。

（カ）振り返り・効果測定

　アカウントプランにのっとって顧客アプローチを実施した結果について、営業（フィールドセールス）とマーケティング、インサイドセールスで定期的に振り返りを実施する。

　振り返りで重要なのは、関係者の間で「限られた情報と仮定に基づき戦略立案を行っている以上、実行面で何かしらのギャップが生じることは不可避の事象である」という共通認識を持っておくことである。陥りがちなのが、振り返りの場が「チェック」や「報告」だけになってしまうことである。仮説と実行面で発生したギャップに対し原因・犯人探しに終始し、次の「アクション」について話し合えなくなってしまっては、営業活動はたちまち行き詰まってしまうだろう。

　チームで前向きに意見を出し合うためにも、戦略は柔軟にブラッシュアップしていくものと考え、当初の仮定と実際との差分を冷静に分析し、次なるアクションにつなげていくことが大切となる。

2 コンタクトプラン策定

アカウントプランの実行に向け、必要な顧客情報・現状保有情報を整理し、リスト化する。必要に応じて拡充を図る。次の（ア）〜（エ）の手順で進める。

（ア） ターゲットの明確化

営業（フィールドセールス）とインサイドセールスが中心となり、アカウントプランをもとに、コンタクトを取るべきターゲットを明確化する。ターゲットは部門・役職・役割・年次レベルまで明確にし、部門内のどの個人にコンタクトを取るのかが見えるようにする。

（イ）保有済みバイネーム（顧客情報）の把握

マーケティングが中心となり、現在社内で保有しているバイネーム（顧客情報）を把握 整理する。各営業個人で保有し、机に眠っている名刺情報や、マーケティング・企画部門で保有するイベント参加名簿やインターネットコンテンツへのアクセス履歴、ターゲット企業で公開済みの人事情報などを共通のMA・SFAへ集約を行う。

（ウ）不足バイネームの拡充

（イ）で情報を整理統合したうえで、不足しているバイネームについて、営業（フィールドセールス）やインサイドセールスによる顧客への直接アプローチに加え、マーケティングも連携をしながら拡充を図る。

特に、顧客の役員や上位役職レベルの人物について営業（フィールドセールス）のみで突破口を見つけるのが困難なケースでは、マーケ

ティングが役員限定のイベントや会談といった関係構築の「場」を設定・提供することが重要となる。また、個社向けウェブページやセミナーといった限定コンテンツをマーケティングが企画し、営業（フィールドセールス）やインサイドセールスが顧客と対話する際の話題づくりとするのもやり方のひとつである。

（エ）振り返り・効果測定

マーケティングと営業（フィールドセールス）、インサイドセールスが共同で、アカウントプランと同様に定期的に振り返りを行い、戦略をブラッシュアップする。実際の活動で得た情報や、各ターゲットへのアプローチ状況に基づき、結果に応じてターゲットとなる役職の再設定や、コンテンツ拡充など、次なるアクションにつなげていく。

部門横断のチームで活動を進めるにあたり、振り返りの場は共通の目標を再確認し、課題を明確にするためにも大切である。日々の活動記録をMA・SFAに残し、データに基づく振り返りはもちろんのこと、データだけでは見えてこない活動上の悩みや困りごとをオープンに話し合い、協業で目標を達成するという意識付けと関係構築がABM型モデルを成功に導くキーポイントとなる。

基本戦略②
営業活動

基本戦略①で策定したアカウントプランにもとづいて、営業（フィールドセールス）とインサイドセールスが共同で、顧客に対し課題ヒアリングおよび継続的なアプローチを実施する。

1 顧客アプローチ——パイプライン化まで

（ア）ターゲットへのコンタクト

　インサイドセールスが中心となって、保有済み顧客情報を整理したコンタクトリストを基に電話やメールなどを通じてコンタクトを図り、キーパーソンの特定と顧客課題を発掘する。

　コンタクトに際しては、アカウントプランで仮定した提案ソリューションにのっとって、コールスクリプトやメール配信コンテンツを準備し営業活動を実行する。マーケティングや商材開発部門と相談し、必要に応じて事前のトレーニング、知識インプットの場を持つようにするのが望ましい。

　なお、従来からの企業との関係性次第では、訪問メインのアプローチだったところから突然メール・電話が来ることに対し、顧客が違和感を抱くケースもあるかもしれない。その場合、事前にマネジャーや上位役職者が顧客側に、緻密な関係構築のために訪問以外のコンタクトも今後実施していく旨をアナウンスするなど、スムーズな意思疎通ができるような工夫も必要である。

　特に活動の初期段階においては、コンタクトリストに新旧情報が混在しており、電話・メールの不通や部署異動済みといった事態も出てくることが予想される。都度MA・SFAの情報を更新し、リストのブラッシュアップを図ること。

（イ）顧客との関係構築

　コンタクトがつながったターゲットに対し、営業、インサイドセールスが共同で継続的に連絡を取り、相互理解の強化と関係構築を図る。

ここでのポイントは一度のコンタクトで早々に課題ヒアリングが完遂できるものと思わず、電話やメール、面談など、さまざまな手段で対話を継続し、顧客にとっての相談相手として自社が頭に浮かぶ状態をつくり出すことである。時にはマネジャークラスも面談に同席させるなどの工夫もしながら、信頼を勝ち取り、より深い段階の課題ヒアリングの実現や有力な情報の獲得につなげていく。

（ウ）ヒアリング内容・活動の整理

　顧客へのコンタクトで得た情報を MA・SFA に整理・記録したうえで、営業（フィールドセールス）とインサイドセールス間で状況共有を行う。下記のような観点が考えられる。

- **コンタクト可能人数**：ターゲット部門内のコンタクト可能人数の拡大ができているか。
- **ライン網羅度**：上・中・下位職位者を網羅できているか。
- **継続コンタクト**：営業（フィールドセールス）、インサイドセールスで協業し、継続的に顧客と会話できているか。
- **課題ヒアリング**：顧客課題やBANT情報など、必要な情報の入手が進んでいるか。
- **自社の提供価値理解**：自社がどのような価値を提供できるかを、顧客が理解できているか。
- **ソリューションの妥当性**：顧客課題に合ったソリューション、商材を紹介できているか。

　活動記録を残すうえで、MA・SFA のシステムに課題や懸念がある際には、どうしたら使いやすくなるかを営業からシステム管理者につなぐことも大切である。最も避けるべき事態は、システムの使い

方がわからない、使いにくいといった状況がシステム管理者に伝わらないまま、改善もされずにMA・SFAの活用が浸透しないことである。営業部門から声を上げるのは前提として、システム管理者側からも営業部門に働きかけ、MA・SFAの活用が浸透・習慣化するようにフォローをしていくことが望ましい。

（エ）各キーパーソンへの継続アプローチ

活動整理を踏まえながら、ターゲット部門内の各キーパーソンに対し継続アプローチを実施し商談案件創出（パイプライン化）を目指す。引き続き営業（フィールドセールス）とインサイドセールスが協業しアプローチするが、次に顧客役職別に主管の住み分けの一例を示す。

- **上位役職および役員層**：営業（フィールドセールス）、営業マネジャーが中心。マーケティングにも協力を仰ぎ、役員層を参加対象とした対談イベント等を企画、実行していく。
- **中位役職**：営業（フィールドセールス）、インサイドセールスが中心。継続的な対話と情報提供を展開する。
- **下位役職**：インサイドセールスを中心に、継続的な対話と情報提供を行う。
- **企業全体**：マーケティング、営業（フィールドセールス）中心。企業全体に関わるような課題などに対応し、自社のショールームへの招待や企業全体を対象としたイベントを企画するなど定期的な情報発信を行う。

なお上記は役職別に分けているものの、部門内に強い影響力や実行力を持つ人物に関しては役職にとらわれずに重点的にフォローを実施していく。

2 顧客アプローチ──パイプライン化後・成約まで

　パイプライン化した案件について、営業（フィールドセールス）が中心となり、顧客の稟議決裁完了までのフォローを行う。

（ア）提案準備

　今まで集めた顧客情報に基づき仮説を整理し、提案内容の立案や提案に関わるチームの組成を行う。

〈仮説整理の観点〉
- **顧客課題、ニーズ整理**：顕在化課題の整理と、周辺の潜在課題を想定する。
- **自社の提供価値、差別化要因**：顕在・潜在ニーズに対し、自社が提供できるソリューション、商材の競合優位性は何かを明らかにする。
- **不足情報の認識**：顧客の購買プロセスを逆算したときに、現時点でまだ得られていない情報を認識する。
- **初期提案ゴール設定**：顧客の課題を明確にし、継続提案が可能となる戦略を検討する。

〈チーム組成〉
- **提案チーム組成**：詳細な提案と内示獲得までに必要となるメンバーをアサインする。
- **提案参加メンバーの決定**：初回提案のゴールに応じた提案メンバーを決定する。

（イ）初期提案

　商談成立に向けた戦略策定のための事実確認を進めると同時に、自社の提供価値を顧客にPRし、顧客の自社に対する期待感を醸成する。

〈仮説検証の観点〉

- **仮説検証**：提案・ヒアリングを通じて仮説を検証し、差異を特定する。

〈事実確認と背景把握の観点〉

- **詳細要件**：現時点での要件を確認し、顧客内の要件整理状況を把握する。
- **ステークホルダー特定**：検討・決定にかかわる部門やキーパーソンを特定する。
- **予算、購買プロセス、タイムライン**：ヒアリングできていない不足情報を補完する。
- **顧客企業内および部門内の優先順位**：当該検討課題の優先順位を確認する。
- **競合の特定**：すでに動いている競合、今後提案に加わる可能性のある競合他社を特定する。

（ウ）詳細提案と内示獲得

　初回提案で得た情報をもとに、次のような観点で提案内容をブラッシュアップし、内示獲得を目指す。

- **提案戦略**：初期提案で特定した事実ベースで、提案戦略の詳細を固める。
- **自社の提供価値・差別化要因**：弱みがあれば補強の有無や可否を検討し、準備を進める。

（エ）稟議決裁

　顧客企業内で無事に稟議決裁が完了し、成約に至るまでのフォローを行う。目標の受注タイミングから逆算して、稟議における実質的最終承認者や、発注書へのサイン者、経営会議などでの決議の要否などを確認し、タイムリーな情報提供や後押しを行う。顧客の投資案件の承認プロセスでは、稟議を上げる際に、必要なキーパーソンを聞き出し、そのキーパーソンの関心事項にあわせて、資料を提供する。自社の上位役員との会合も重要になる。価格交渉をどのタイミング行うかも利益率にかかわるので、慎重な判断が求められる。

　従来は、すべてこのプロセスをフィールドセールスが担っていたが、前工程でインサイドセールスがうまく関与できていれば、分担することができる。また、タイミングが合えば、マーケティングのエグゼクティブ向けの施策も取り入れることも可能である。

※1 『Zero Defections:Quality Comes to Services』Frederick F.Reichheld andW.Earl Sasser,Jr（Harverd Business Review/1990）、『E-Loyalty:Your Secret Weapon on the Web』Frederick F.Reichheld and Phil Schefter（Harverd Business Review/2000）

https://hbr.org/1990/09/zero-defections-quality-comes-to-services
https://hbr.org/2000/07/e-loyalty-your-secret-weapon-on-the-web

5章

テリトリー型モデルの概要

テリトリー型モデルの特徴と目的

4章に続き、ここでは営業モデルのうちテリトリー型を紹介する。テリトリー型は一定の属性によってくくられたターゲットアカウント群＝テリトリーを対象とした営業モデルであり、本書では次のように定義したい。

> **テリトリー型モデル**
>
> ターゲットをアカウント群（＝企業群）で区分し、ターゲットアカウント群に最も効率的にアプローチ可能な注力ソリューションなどの戦略を定め、中～短期的な関係性の構築の中で、市場シェアの最大化を目指す営業モデル

1 ABM型、カバレッジ型との違い

テリトリー型は、ABM型とカバレッジ型のちょうど折衷的な立ち位置に当たる。カバレッジ型と異なり個別のアカウント管理は行う（ターゲットとなるアカウント〈企業〉がバイアカウントで指定できる）ものの、ABM型（1社～特定数社の大規模アカウントから、その企業内でのインナーシェアの拡大で成長戦略を達成するモデル）と比較すると、多くの企業を対象とすることから「ターゲットアカウント群全体」での数字達成のための戦略に重きを置く点が特徴である。ターゲットアカウント群とは、ある一定の共通した属性（例：事業者の規

模や、業界、地域など）もしくは目的を持って決められた集合体を指すことが多い。

2 テリトリー型モデルの利点

（ア）多数の企業のカバレッジが可能

　テリトリー型の特徴は、多数の企業をカバレッジできる点にある。後述するテリトリー戦略をもとに、一定の属性でくくられた集合体の多くに当てはまるであろう顧客課題を仮説として立て、それに応じて注力すべきソリューションや提案方法などを定めていくことで、より多くの企業に対して共通したアプローチが可能になる。

（イ）ノウハウの蓄積

　共通アプローチを定めることのメリットは、提案資料作成などの営業工数が削減できるほか、営業活動を通じて複数社のケースから仮説検証がなされることにより、アプローチの精度が高まっていくことも挙げられる。同じテリトリーに属するアカウントには、共通のアプローチを展開することを想定しているため、たとえば業界ごとの特徴など、ある属性に対するノウハウが最も蓄積しやすいモデルといえる。業界の事情にくわしく、同業他社の事例があることは、顧客からの信頼も得られやすいため、強みになり得る。またある会社での事例を横展開しやすくなるため、ポストセールスを視野に入れても事業の効率性とクオリティを高めることに寄与するだろう。

（ウ）商材によってはインサイドセールスでのクロージングが可能

テリトリー型はアカウントをカバレッジする範囲が比較的広い。このためインサイドセールスが広く顧客をカバレッジし、顧客とのコミュニケーションや、リードの発掘、またパイプライン化まで担当することを想定している。商材によってはクロージングまでをインサイドセールスで完結させることも検討できるだろう。

それによって個別対応が必要な営業（フィールドセールス）の負荷を大幅に減らすことができる（案件クロージングに注力させることができる）うえ、インサイドセールスのノウハウ蓄積も進む。プロセスセリングの推進による効果が、最も表れやすいモデルといえるかもしれない。

3 テリトリー型モデルの基本戦略

テリトリー型モデルの基本戦略は、プラン策定・営業活動という2つの観点に分けると、次のように表すことができる。

● **プラン策定**……インサイドセールス、営業（フィールドセールス）、マーケティングが設定されたターゲットアカウント群（テリトリー）に対する戦略（テリトリープラン）を策定。テリトリープランに基づいて、テリトリー内の各アカウントの中でも特に重点的にアプローチすべきターゲット部門や役職を明確にしたコンタクトプランを策定し、実行していく。

- **営業活動**……新規コンタクトの獲得をマーケティング主導で行い、営業活動はABM型と同様に、営業(フィールドセールス)とインサイドセールスが共同で顧客を担当する。営業(フィールドセールス)は案件クロージングを中心に担い、案件化に至るまでのリードとの継続的な交流やナーチャリングは、インサイドセールスが中心に実施する。

以下、それぞれ見ていくことにしよう。

基本戦略①　プラン策定

1 テリトリー戦略の立案

　インサイドセールス、営業(フィールドセールス)、マーケティングが中心となり、ターゲットアカウント群を単位として、売上目標、ターゲットアカウント群におけるホワイトスペースを明確にし、戦略の策定とアプローチの優先順位付けを行う。次の(ア)〜(ウ)の手順で進める。

(ア) 顧客単位でのターゲットテリトリーの特定

　まずはターゲットアカウント群(テリトリー)を、顧客単位で特定する。このとき、戦略を立案するのに有効な切り口で、セグメンテーションしていくことが望ましい。同じターゲットアカウント群に属

する企業には、共通の戦略を用いることになるからだ。

　セグメンテーションの切り口の例としては、事業者の規模、業界、所在地域、属性（成長企業等）などが考えられるが、ソリューションの特性にあわせて検討すべきである。またこの作業の際、対象企業を特定することが重要だが、同時に対象外となるターゲットやその基準について定めることも重要である。たとえば自社商材とニーズがマッチしない企業規模や、期待売上が低く営業工数を割く優先度が低い企業を明確にすることなどが挙げられる。

（イ）想定顧客課題の設定

　次に、定めたターゲットアカウント群からの売上を、最大化するための営業戦略を定めていく。

　最初に行うのは想定顧客課題の設定である。ターゲットアカウント群に属する企業からこれまでヒアリングできた情報や、IR情報、中期経営計画、業界情報などをヒントに、ターゲットアカウント群が持ちうる想定顧客課題を仮説立てて、自社が持つ商材やソリューションと掛け合わせ、アプローチの方法や注力するソリューションを定める。

（ウ）テリトリープランの立案

　次にリソース配分の設定を行う。つまりアプローチの優先度を高くする領域と低くする領域を設定し、それぞれに応じて営業工数の最適化を図る。優先度の設定は、次に挙げる基準例を参考にしたい。

●例１：想定顧客課題・予算マトリクスによるプライオリティ付け

　「ターゲットアカウント1社当たりの予算規模は、事業者の規模に比例するもの」とした場合、（1社当たりの予算規模が大きい企業）×（イ

で定めた注力ソリューションのうち予算規模が大きいソリューションの提案）を、優先度高と設定する。逆に、（1社当たりの予算規模が小さい企業）×（予算規模が小さいソリューション提案）であれば、優先度低とするといった具合である。

　期待値をマトリクスで考えるため、予算規模が大きいソリューションの場合、通常1社当たりの予算規模が低い企業であっても優先度を高めて提案する、といったことも考えられる。

●例2：顧客ステージモデルによるプライオリティ付け

　（イ）で定めた注力ソリューションについて、顧客の検討予定時期に基づいて優先度を付ける考え方である。つまり直近の検討予定がある場合は優先度高、当面予定なしであれば優先度低とする。なお、このようなプライオリティ付けをする際には、顧客の情報が整理されていることが前提となるため、顧客データをSFAなどで集約しておく必要がある。

　ここまで実施したうえで、ターゲットアカウント群から期待できる売上と事業部の目標予算にギャップがある場合は、（ア）のターゲットテリトリーの見直しに戻り、ターゲットアカウント群を増やすなどの対策を講じる場合も考えられる。

2 コンタクト戦略の立案

　前項で立てたテリトリープランの実行に向け、必要な顧客情報と現状の保有情報を整理し、重点的に獲得すべきターゲットコンタクトを定める。次の（ア）（イ）の手順で進める。

（ア）顧客課題ごとの対応部門（担当）仮説の立案

　テリトリープランにて策定した想定顧客課題および注力ソリューションに応じて、重点的にアプローチする部門や人を仮説ベースで想定する。

　注力ソリューションがDX推進に寄与するものならば、「対応部門（それらを検討することが多い部門や役職）はCIOや経営企画、情報システム部ではないか」といったような仮説立てを行う。

（イ）現状のホワイトスペースの可視化

　（ア）で定めた重点アプローチ先に対し、現時点でターゲットアカウント群の対応コンタクトをどれだけ獲得できているかを整理する。（ア）の例で言えば、「情報システム部門はほとんどのアカウントでコンタクト獲得できているが、経営企画部門についてはほとんどコンタクト先がない」といったことが判明すれば、経営企画部門のコンタクトの獲得が戦略の軸となる。

03 基本戦略② 営業活動

1 マーケティング中心の新規コンタクト獲得

　立案したコンタクト戦略に応じ、マーケティングを中心にコンタクト取得のためのマーケティング施策を立案・実行し、新規コンタクトを獲得していく。次の（ア）〜（ウ）の手順で進める。

（ア）ターゲットペルソナの設定

コンタクト戦略立案の中で明らかになったホワイトスペースをセグメント化し、マーケティング施策を立案するためのペルソナを定める。

たとえば「DX推進ソリューションの提案をしたいが、検討部門の一角になりそうな経営企画の部門のコンタクトが不足している」と判明した場合、「DX推進を検討している経営企画部門の部門長とのコンタクト獲得を目的にした、マーケティング施策を立てよう」といったものである。

（イ）マーケティング施策の立案・実行

（ア）で定めたペルソナに応じて、コンタクト取得のためのマーケティング施策を検討する。

ターゲットとなるペルソナのコンタクトを獲得しやすいチャネルは何か、どのようなメッセージを打ち出してアピールするか、といったことから企画につなげる。

取得したいコンタクトのペルソナにより、適切なチャネルはウェビナーか広告か、もしくは外部データの購入か、選択は変わってくるであろう。

施策の立案や実行は、マーケティングが中心となって進めることが想定される。

（ウ）獲得した新規コンタクトのインサイドセールスへの引き渡し

（イ）で立案したマーケティング施策を実行した結果、獲得できた新規コンタクトリストを、インサイドセールスに引き渡す。このとき、インサイドセールスがスムーズにフォローに入れるように、関連するコミュニケーションツール（カタログやトークスクリプトなど）の提供や、引き渡しまでのスピード感などにも配慮することが望ましい。

2 インサイドセールス主体のリードナーチャリング

インサイドセールスを中心に、ターゲットコンタクトに対して継続的なアプローチを仕掛け、関係構築や課題の発掘など、案件化に向けた活動を実施する。

（ア）コンタクトへの適切なアプローチの検討

マーケティングから供給された新規コンタクトリストなどをもとに、適切なアプローチ方法を検討する。

検討には材料がいるため、インターネットから取得可能な企業情報、コンタクトに関する情報（プロフィールやインタビューなど）、マーケティング施策の中で得られたアンケート結果などから情報を集める。また、その企業ないしコンタクトに対する過去のアプローチ履歴や、その際に得られた顧客情報の確認も忘れないこと。

これらの情報をアプローチのつど集約するのは、非常に工数がかかる。このためできる限り、MA・SFAに情報が蓄積されている状態を目指したい。

情報を参照しながらターゲットコンタクトに対し、どのようなコミュニケーションツールでアプローチをするか（電話なのか、メールなのか）、アプローチする際にどのような会話の仕方が望ましいかなど、方向性を定める。

（イ）コールやメールでのBANT情報の確認

実際にターゲットコンタクトに接触し、リードとしての状態を把握する。いわゆるBANT情報（Budget：予算／Authority：決裁権／Needs：必要性／Timeframe：導入時期）を確認し、ホットリードとし

て判断されるリードについてはフィールドセールスに適宜引き渡していく。

なおこの段階で聞き出しておくべき内容や、リードを引き渡すタイミングについては、営業（フィールドセールス）とインサイドセールスとの間で充分に協議を図り、運用設計することが重要である。

というのも、たとえばBANTがすべて揃っている状態になってから引き渡すとした場合は、顧客側の検討プロセスがすでに進行していることを意味する。この段階でフィールドセールスに連携しても、価格競争に陥ってしまうケースが非常に多い。そうならないためには、たとえばN（Needs）が明確にあり、B（Budget）を用意する準備があるとわかった段階で、ホットリードとしてフィールドセールス側に引き渡す、といったように、最適な条件を協議し合意形成しておく必要がある。

（ウ）リード管理とフィールドセールスへの引き渡し

ホットリードはフィールドセールスに引き渡しつつ、それ以外のリードについては、インサイドセールス主導でいわゆるリードナーチャリングを行う。すなわち、案件化の可能性ないし案件化した際の受注確度を高めるためのコミュニケーションを、継続的に実施していく。

たとえば検討の初期段階に役立つ資料の提供や、継続的なコンタクトを通じた先方側の認知度の向上、アカウントやコンタクトに関する情報の引き出しなどである。営業（フィールドセールス）では工数の限度から困難な、幅広いリードに対する長く継続的なアプローチを実施することによって、適切な提案タイミングを逃さずリードを育成していくことが可能になる。

フィールドセールスへの引き渡し後に成約に至る前に、案件がロスト（失注）した場合は、リードとしてリサイクルする。このリサイ

109

クルは、失注理由を詳細に分析して、マーケティングに戻すのか、インサイドセールスに戻すのかは、今後の成約率向上のためにも非常に大事なので、ぜひ、同時に設計すべきだ。

3 フィールドセールス主体の案件クロージング

ホットリードと判断されたリードに対し、営業（フィールドセールス）が中心となり、顧客の稟議決裁完了までのクロージングを行う。

（ア）提案準備

インサイドセールスから連携されたリードの情報をもとに仮説を立て、初期提案に向けた具体的な提案内容を検討する。その際、考えるべき要素とっては次のようなものが挙げられる。

- **顧客課題とニーズ整理**：顕在化課題の整理と、その周辺で想定される潜在課題を整理する。
- **自社の提供価値、差別化要因**：上記にて整理した顕在・潜在ニーズに対する自社商材の競合優位性を検討する。
- **不足情報の認識**：顧客の購買プロセスから逆算し、現時点で把握できていない情報を明確にし、今後のプロセスの中でリスクになりうる要素をつぶすための策を考える。
- **初期提案ゴール設定**：フィールドセールスとして提案を開始するうえで、初期提案の中で実現したいゴールを設定する。顧客が持つ課題を明確にし、継続提案が可能となるような戦略を立てる必要がある。

110　5章　テリトリー型モデルの概要

なお上記と並行して、クロージングまでのプロセスに備え、提案チームの組成を行う。たとえば製品担当のエンジニアなど、専門性が高い知識を求められた際に対応できるメンバーや、ポストセールスのプロセスを担当するメンバーなどである。初回訪問のゴールによっても、適宜必要な人員をアサインする必要がある。

（イ）初期提案（オンサイト・オンライン）

オンサイト・オンラインを問わず、営業（フィールドセールス）による具体的な提案活動に入っていく。初期提案において重要なのは、勝つための戦略策定に必要な事実確認、および自社が提供できる価値の理解獲得や期待感の醸成である。（ア）で想定した顧客課題や自社の競争優位性について改めて仮説検証することはもちろん、次のような事実確認や背景把握も必要である。

- **詳細要件**：現時点の要件確認と、顧客内の状況を整理する。
- **ステークホルダー特定**：検討や決定にかかわる部門、キーパーソン。
- **予算と購買プロセス・タイムライン**：インサイドセールスにて一定の確認ができている前提ではあるが、改めてヒアリングできていない情報を補完する。
- **社内（部門内）での優先順位**：検討課題に対する先方社内（部門内）での優先順位を明確にする。
- **競合の特定**：すでに動いている競合や、今後提案に加わる可能性のある競合を特定する。

（ウ）詳細提案と内示獲得、稟議決裁

（ア）では仮説ベースで立案した提案内容だが、今度は初期提案から特定された事実ベースで提案戦略をブラッシュアップしていく。

自社の提供価値や差別化要因について改めて検討、弱みなどがあれば、補強の有無や可否の検討などを行う。このプロセスに至ると、ABM型と同様なので、4章も参照してもらいたい。

6章

カバレッジ型モデルの概要

カバレッジ型モデルの特徴と目的

01

4章のABM型、5章のテリトリー型に続き、ここではカバレッジ型の営業モデルを紹介する。本書では、カバレッジ型を以下のように定義する。

カバレッジ型モデル

顧客ごとに営業を配置せず、マーケティング活動（テレマーケティングを含む）により顧客にアプローチし、特定の商材のデマンドジェネレーション（案件創出）を通じて、当該ソリューションの市場シェア拡大を目指すモデル

---

1 ABM型・テリトリー型との違い

前章までで取り上げた営業モデルとは、3つの大きな違いがある。1つ目は、原則としてカスタマイズを必要としないパッケージ型の商材を提案すること。2つめは、顧客ごとに営業を配置せず、アカウントプラン（顧客ごとの売上目標管理）を作成しないこと。そして3つめは、主にマーケティング活動（テレマーケティングを含む）によって、顧客にアプローチすることである。

2 カバレッジ型モデルの利点

前章で取り上げたテリトリー型は、ターゲットアカウントを「群」で捉え、ターゲットアカウント群の特性を考慮した営業アプローチを行うモデルであった。テリトリー型が特定の業種や業界を基軸としたのに対し、カバレッジ型は業界や業態に仕様が左右されない共通的なソリューションを扱うことにより、より多くのアカウント(企業)をカバーする。そのため、テリトリー型でも言及した次のような性質を、より色濃く持つのがカバレッジ型の特色といえよう。

(ア) より多数の企業のカバレッジが可能

デジタルシフトによって、BtoBビジネスにおいても顧客の購買手段が変化したことで、顧客が自らオンラインを中心に情報収集し、複数の商材を比較、検討し、意思決定まで行うことは珍しくなくなった。カバレッジ型ではオンラインイベントの開催やオウンドメディアの運営などにより、顧客とのタッチポイントを戦略的に築いてリードを獲得し、そのリードを適切に管理、育成することで、顧客の量と質の両方を同時に高めていく。

1社当たりの売上は小さい傾向にあるが、対象となるアカウントが多いため、顧客企業を数多く獲得できれば、大きな売上を期待することができる。

(イ) 共通的なノウハウの蓄積

どのような業界や部門にも対応できる共通的な商材を扱う場合は、ある業界の顧客とのコミュニケーションの中で得た知見や気づきが、まったく別の業界の顧客に対しても適用できることが少なくない。

115

さまざまなバックグラウンドを持つ顧客から、製品やサービスに対するフィードバックを多角的かつ多面的に得られるうえ、蓄積しやすいという特徴がある。またフィードバックの内容は商材のことだけに限らない。提案に関するリクエストなども貴重な顧客の声となる。

これらはその後の営業活動のプロセス改善のヒントとなり、さらには製品、サービスの改善や、新製品、新サービスの開発にも活用できる可能性がある。こうした仕組みを、組織内でうまく機能させることができれば、中長期的視点での事業の拡大や、新たな事業の創出などにもつなげていくことができるだろう。

（ウ）柔軟なリソース配分ができる

原則としてカスタマイズを前提としないレディメイド型（パッケージ型）の商材を扱う場合は、カスタマイズを前提とするものと比較して、個々の顧客の背景や要件に合わせた個別的な対応を行う必要性が少なくなる。そのため、必要な条件を満たしてさえいれば、クロージングに向けたアカウントの営業（フィールドセールス）などへの引き渡しも比較的スムーズに実施できるというメリットがある。

顧客やソリューションの性質に応じて、インサイドセールスがクロージングを行う、またはグループ会社や販売代理店などのパートナー企業がクロージングを行うなど、適切な運用体制を構築することができれば、営業（フィールドセールス）やインサイドセールスの担当者を戦略的により重要度が高い活動にアサインするなど、営業リソース配分の最適化を図ることができる。

カバレッジ型モデルの基本戦略

　カバレッジ型モデルにおける基本的な戦略は、プラン策定・営業活動という2つの観点に分けることができる。

1 プラン策定

　基本的な戦略は、ターゲットとしている市場において、自社のシェアを拡大することである。本モデルの基本前提は、顧客対象となる企業がそれほど大きくない規模の事業者であり、数多く存在すること、また共通のソリューションをできる限り多くの事業者に提案、提供することである。提供するソリューションが単一である場合、企業規模の大小を問わず、ターゲットとなる。

　プラン策定から営業活動までの流れは、

- ❶提供ソリューションを前提とした市場選定
- ❷提供ソリューションに対するニーズのある顧客を、外部データを利用して選別
- ❸マーケティング、アウトバウンドコールなどを利用してアプローチし、顧客ニーズを把握
- ❹提案の実施

がベースとなる。

この流れではニーズの発掘がカギとなる。アプローチの方針は、顧客ニーズを把握するか、顧客ニーズをつくり出す（デマンドジェネレーション）かのいずれかが考えられる。基本的には、マーケティング的アプローチの結果、ニーズを持つ顧客をフォローするモデルが一般的といえる。

　顧客とは継続的なコミュニケーションを図ることはカバレッジ型も他のモデルと同様だが、アカウントマネジメントは実施しない。そのため、中・長期的な顧客課題を解決するための提案は実施せず、短期的な予算達成のための顧客ニーズ獲得にフォーカスすることになる。

2 営業活動

　基本はインサイドセールスが中心となり、顧客コミュニケーションと提案活動を通じて、リード生成、パイプライン化までを担当する。
　パイプライン以降は、営業（フィールドセールス）が中心となって、顧客との折衝、クロージング、契約を実施する。商材・サービスによっては、インサイドセールスがクロージングまで実施する。たとえばクラウドサービスを扱う場合であれば、ユーザーはサインアップさえすれば利用できる商材もあるため、顧客の状況に応じてインサイドセールスのみでクロージングまで完結可能となる。

　対象企業数が多いため、パイプラインまでをデジタルマーケティングやインサイドセールスでまかなうことで、効率的な営業モデルをつくり上げることが必須となる。

カバレッジ型モデルの進め方

カバレッジ型モデルでは、ターゲット顧客選定、顧客アプローチ、アプローチ結果棚卸のサイクルを周期的に回していく。

1 ターゲット顧客選定

はじめに、提供する商材が受け入れられる市場を特定する。市場分析は、(ア)顧客課題（顧客価値）、(イ)Willing to pay（顧客が支払う意思のある金額）、(ウ)提供までのプロセスの実現性の観点で実施し、提供可能かどうかを見極める。

(ア) 顧客課題（顧客価値）

市場調査（政府調査データ、市場調査会社）などから、ターゲットとしている中小規模セグメントにおいての課題を抽出する。また、その課題を持つターゲットについて、業種、会社の部門などで絞り込みを実施する。

(イ) Willing to pay の推定

ターゲットとした顧客が支払うことができると見込まれる金額を、売上規模・利益規模、または競合となる商材の価格から推定し、販売したい商材の価格帯が適合する顧客規模を設定する。

（ウ）提供プロセスの実現性確認

　ターゲットとした顧客にアプローチするチャネルを選定し、顧客へITを導入できる手段やプロセスを確立する。中小規模の顧客については直接的に販売しない場合が多いため、もしターゲットの顧客層に対して提供できるチャネル、ルートがない場合はアプローチしない。

2 顧客アプローチ

　顧客アプローチは、（ア）マーケティング、（イ）顧客リスト更新、（ウ）担当者アプローチ、（エ）営業連携・クロージング、（オ）アプローチ結果棚卸の流れで行う。

（ア）マーケティング

　マーケティング担当が、対象市場全体（マス）に対してマーケティングを実施する。デジタル広告、オンラインイベント、ウェビナー、オウンドメディアなどを活用し、ターゲット市場の顧客へアプローチする。

　イベントやセミナーの開催時に得られた顧客からのフィードバックや、ウェブページの問い合わせフォームより取得した顧客情報を通じて、ターゲット顧客を発掘する。セミナー参加者への事前・事後のフォローや、メールの反応に対するスピーディなフォローなどの能動的な働きかけが重要となる。顧客のフォローなどでリードやパイプラインを発掘できた後、リソースを割いての提案活動、および当該顧客に対するフォローアップを実施する。

これらの活動ではリード数を多く集めることに固執しがちだが、そもそも自社のターゲットとして適さないリードを集めても意味がない。自社の商材のコアとなるターゲット条件を理解したうえで、そのリードがより多く獲得できる施策を優先的に実施していくことが重要となる。

（イ）顧客リスト更新

　マーケティング活動で獲得した名刺情報や、オンラインで入力された顧客情報は、別々の場所やフォーマットで管理されている状態では、その後の営業活動において有効に扱えない。MA・SFAで一元的に顧客リストを管理し、リアルタイムに情報を更新、関係者に共有していくことによって、初めて意味のある情報活用が可能となる。

　先に述べた通り、ナバレッジ型においては個々の顧客に対するアカウントプラン（顧客ごとの売上目標管理）は作成しないが、顧客別の課題、提案ステータス、受注確度等の情報管理や、商材・ソリューションの売上目標に対しての達成度、進捗率の把握や管理のために顧客リストを活用していく。

　顧客との接触を通じてプロファイルを取得することは有益であり、取得情報はMA・SFAなどで管理すべきだが、対象企業数が多い場合はすべての企業からくまなく情報を取得することは難しく、全体として意味のあるデータとならない。顧客属性（会社規模、従業員数、売上、業界、IR情報・成長率など）、および外部データ（サードパーティーデータ、顧客行動データ、マーケティング接点情報など）、コンタクト情報（名刺情報や問い合わせフォームなどオンラインで入力された情報など。部署、役職から、役割や権限などを推論する）の分析などからの仮説で顧客プロファイルに代替し、アプローチ先のプライオリティを決定する。

提案ソリューションを現在検討している可能性が高い顧客セグメントを規模、部門、業績などで分けて優先順位をつけて行う。このセグメンテーションの検証は常に見直すことで、より精度を高めていく。とくに、リードから成約に至るプロセスでロスト（失注）する事由を調べることと、リードをリサイクルするプロセスの構築が精度を高めるので、何度も繰り返していくことが重要である。

（ウ）担当者アプローチ

カバレッジ型では、提案するソリューションが明確となっているため、検討する部門および担当者に対するメールや、アウトバウンド・コールでのアプローチを行う。

最終的には意思決定者への稟議となるため、担当者との合意後、主に営業（フィールドセールス）が意思決定者へのアプローチを行う。すでに競合企業が提案している場合も多いため、早期のタイミングでの意思決定者へのアプローチが重要である。

（エ）営業連携・クロージング

顧客へのアプローチ結果として、BANT条件がそろった段階で、案件としてクロージング担当へ引き渡す。リード引き渡しの条件やタイミングなどは、営業（フィールドセールス）や販売代理店などのパートナー企業と充分に協議の上、運用設計しておくことが重要となる。商材やサービスによっては、インサイドセールスがクロージングまで実施する。

なおBANTがすべて揃った状態では、相見積もりの状態になる可能性が高いことに留意する。N（=Needs）が明確にあり、B（=Budget）を用意する準備があれば、パイプラインとし、クロージング担当と連携するのが望ましい。

顧客へのアプローチに自社の提案リソースを活用できない場合や、外部のリソース（ソリューションなど）を活用するのが望ましい場合は、グループ会社や販売代理店などのパートナー企業と連携し、MQL（Marketing Qualified Lead）やSAL（Sales Accepted Lead）のフォローを当該企業が実施する場合がある。ただし、異なる会社との連携は、個人情報や機密情報の取り扱いが問題になるケースもあるため、顧客のオプトイン（事前承諾）を確実に獲得するなどの対応が必要となる。

（オ）アプローチ結果棚卸

　顧客リストを一巡したら、提案結果を棚卸し、外部環境の変化を考慮しながら、次期ソリューション提案のターゲット顧客の設定に反映する。棚卸の頻度や周期は、対象のソリューションに依存するものの、おおむね3〜12カ月の間を目安とする。

　このように定期的に棚卸と振り返りを実施し、組織内で確実にPDCAサイクルを回していくことで、顧客への提案の質を高めていくことが重要である。

　カバレッジモデルのメリットのひとつが、顧客数や商談件数の多さなので、ほかのモデル以上にMA・SFAのツールの使い勝手と、プロセスの標準化が重要だ。1件あたりの利益額が小さいため各ステージごとの遷移率が数パーセント上下するだけで、損益に大きく影響する。したがって、データ分析やマーケティング、インサイドセールスの顧客やマーケットからのインサイトを精査して、すぐに全体最適を行えるような体制を作るようにすべきである。

7章

役割の定義

これまでの章から営業デジタルシフトでは「インサイドセールス」と呼ばれる職務がポイントとなることが見えてくる。また、導入に伴い、フィールドセールスやマーケティングも役割の更新が必須となる。

　そこで本章では、インサイドセールスをはじめ、各職務の組織におけるポジションと役割を解説していく。また後半には、インサイドセールス以外にも新たに生じる職務について触れる。職種の名称は企業ごとに異なり、組織での配置や役割も一様ではないと考えられる。自身の企業の状況と照らし合わせて読み進めると理解しやすいはずだ。

　本章を通じて各職務の全体像をつかみ、役割間での連携や分担を検討する手がかりとしてほしい。

インサイドセールス組織の配置パターン

　営業デジタルシフトに取り組む多くの企業にとって、インサイドセールス組織は新規に導入されることになる。このため、その配置がしばしば議論の的となる。先行して導入している企業を見ると、従来の営業組織やマーケティング組織との関係でおおむね次に述べる3通りのパターンに分けられる。それぞれは同じインサイドセールスでも役割に違いが見られるうえ、メリット・デメリットが存在する。

1 インサイドセールス独立化

　従来の営業組織とは別にインサイドセールス組織を設置する場合

は、インサイドセールスとフィールドセールスで組織を分けて、それぞれマネジャーを配置することになる。インサイドセールスのメンバーは、営業組織にいた部員が転向して担当したり、新入社員を配置したりすることが多く見られる。

　この配置のメリットとしては2点挙げられる。まず、インサイドセールスのマネジメントに集中できるため、活動に対する適切なオペレーション、指導、評価を実施することが可能となる。次に組織が機能別となっているため、インサイドセールスに課された目標に焦点を絞って活動することができる。インサイドセールスそのものの活動品質をスピーディーに向上させることを目指すにはもっとも適切な配置といえる。

　一方でデメリットも3点指摘できる。1点めは、インサイドセールス組織が従来からの営業組織と分かれることになるため、組織間でのコンフリクトが発生しやすいことだ。特にインサイドセールスは過去の実績がない状態からスタートするため、他の部門に取り組みの意義を理解してもらう際の障壁が高いといえる。2点めは、営業プロセスが複数の組織間で明確に分断されることになるため、インサイドセールスからフィールドセールスに受け渡すリードやパイプラインの品質、フィールドセールスによるクロージングの品質に関して機能間で対立が発生しやすいことが挙げられる。最後に3点めとして、組織を立ち上げる際にインサイドセールスの役割を厳格に定める必要が出てくるため、活動を進めながら役割を柔軟に変更することが難しくなることがある。

　これらを踏まえると、最初から独立したインサイドセールス組織を導入する場合よりも、2項や3項で説明するパターンを採用し、経験や実績を重ねてから独立型に移行すると、よりインサイドセールスのメリットを享受しやすくなるといえる。

2 営業組織に専任担当者が在籍

　営業組織内にインサイドセールスを組み込み、インサイドセールスとフィールドセールスはそれぞれ専任を置く。このパターンの大きなメリットは、インサイドセールスとその下流工程であるフィールドセールスが同じ組織で活動するため、チームとしての一体感が醸成されやすいことだ。特にフィールドセールスがインサイドセールスの活動を間近で目にすることができるため、その活動意義を理解してもらいやすくなる。加えて、営業プロセス上で両者の役割分担についても議論しやすい。

　一方のデメリットは、1人のマネジャーがインサイドセールスとフィールドセールスの両方を見ることになるため、異なる目標に向かって活動しているメンバーを同時にマネジメントしなくてはならないという難しさが発生する。その結果、ケアが行き届かず、インサイドセールスの活動品質が向上するまで時間がかかる可能性がある。

　まとめると、インサイドセールスの活動を進めながらフィールドセールスとの役割分担を改善していきやすいが、マネジメントの難度が高い配置となっている。

3 マーケティング組織に専任担当者が在籍

　マーケティング組織内にインサイドセールスを組み込み、インサイドセールスとマーケティングはそれぞれ専任を置く。インサイドセールスとその上流工程であるマーケターが同じ組織で活動するため、獲得したリードをパイプライン化してフィールドセールスに受け渡

すまでのリードナーチャリングのプロセスを1人のマネジャーが管理でき、パイプラインの品質が安定しやすいことが挙げられる。

一方でデメリットに、営業組織とインサイドセールスが結果的に別組織になることから、1項の場合と同様に最終的なクロージングを行うフィールドセールスとの協業や十分な理解を得るためのハードルが高いことが指摘できる。同時に、2項と同様に異なる領域で活動するメンバーを1人のマネジャーがマネジメントしなくてはならない難しさもある。

総じて、リード獲得からのリードナーチャリングのプロセスを一貫して管理・評価する体制を構築するのに適しているのが、この配置だといえる。

なお、事例はそこまで多くないが、この3パターン以外に営業組織にインサイドセールスとフィールドセールスの兼任を配置するパターンが採用される場合もある。

この配置のメリットは、大きな組織変更や役割変更をしなくてもフィールドセールスの活動内訳を変更してインサイドセールスを導入できることから、取り組むハードルが低いことにある。

その反面、個人の裁量、もしくは状況に応じて、フィールドセールスとインサイドセールスの活動時間を決めることになるため、不慣れなインサイドセールスの活動が減少しがちである。加えて専任ではないため、各自がインサイドセールスに求められるスキルセットを向上させにくい点もデメリットとして指摘できる。

ここまでインサイドセールス組織の配置を、主にいくつかのパターンに分けて解説してきた。インサイドセールス組織の配置はインサイドセールス自体の役割や他の職種の役割の更新にも関わり、場合によっては大規模な組織再編にもつながりうる。実際にインサイドセールス組織の配置を検討する際には、各企業が置かれた状況に応じて十分検討してほしい。

インサイドセールスの役割

　続いて、営業デジタルシフトによって新たに設置されることになるインサイドセールスの役割を定義していきたい。すでに触れたとおり、インサイドセールスの組織内での配置によって若干の差はあるが、本節では代表的な役割、責任の範囲、職務、求められる能力について、マネジャーとメンバーに分けて解説する。

　なお、ここでの解説は基本的にABM型営業モデルに依拠している。この営業モデルに基づく役割の定義づけがインサイドセールスとしてもっとも典型的であるため、テリトリー型やカバレッジ型にも通じる包括的な整理として捉えてほしい。ただし一部、ABM型営業モデルになじみの薄い人にもわかりやすいよう、ABM型に限定的な用語を一般的な用語に直している箇所がある。

1 マネジャーの役割

（ア）役割

　インサイドセールスのマネジャーの役割は、大きく3点挙げられる。
　第一に、フィールドセールスおよびマーケティングと共同で策定するチームの営業戦略を立案し、その実行や目標達成に向けてメンバーに適切なマネジメントやアドバイスを実施すること。これが主となる。
　第二の役割は、営業デジタルシフトで新たに構築される営業プロ

セスに関わる機能間での円滑な連携を図ること、第三はキーコンタクトとの関係維持・深化・拡大に向けたチームの管理である。

第一と第二が主に社内に働きかける役割となり、第三は顧客対応に関する役割となる。

（イ）責任の範囲

担当アカウントにおけるKPIなどの指標（コンタクトの発掘、パイプライン生成件数、金額など）の達成および売上目標の達成が最重要項目となる。そういった目標達成に必要な、営業プロセスに関わる他の機能との円滑な連携構築も、インサイドセールス・マネジャーが責任を負うことになる。

そのほか、インサイドセールス独自の内容ではないが、メンバーのマネジメント全般にも責任を持つ。具体的には、組織メンバーの育成・成長や、組織メンバーのモチベーション向上が挙げられる。

（ウ）職務

（ア）で挙げた、第一・第二の役割と関わる社内への働きかけとして、フィールドセールスやマーケティング、その他の関係する機能を司る部門のマネジャー層と課題共有や解決策の検討・実行などの組織的な連携が挙げられる。加えて、上位マネジメントに対する各種レポーティングも重要な職務となる。これらは単なるルーティン業務としてだけではなく、インサイドセールス活動の意義や成果を組織全体に周知させるうえでも、積極的に取り組みたい。

第三の役割である顧客対応にあたるものには、キーコンタクトとの関係維持・深化・拡大のための施策立案と実行管理、KPI管理とチームパフォーマンスの最大化、チームメンバーの育成・モチベーション管理、チーム内のナレッジ共有の環境づくりなどが職務に含まれる。

（エ）能力

　まず社内の他部門、および顧客の複数部門に対する折衝調整能力が強く求められる。メンバーに対しては、担当する顧客およびマーケットに対する売上向上のための戦略策定について助言する能力、データを基にチームメンバー個人の能力を把握・評価して育成する能力、KPIなど数値に基づいてチームメンバーのパフォーマンスをマネジメントする能力が必須となるだろう。

2 メンバーの役割

（ア）役割

　メンバーの役割は次の4点が挙げられる。

　第一の役割は、フィールドセールスやマーケティングと共同で、収益目標・ターゲットのシェア拡大達成に向けた営業戦略を策定・実行・達成することだ。マネジャーと同様に、これが主要な役割となる。

　第二の役割は、前述の営業戦略をもとに、顧客のキーコンタクト発掘、関係維持・深化、拡大に向けた活動を実行すること、第三の役割はキーコンタクトに対して、顧客課題の把握や解決策の提案を行い、課題解決支援者としての認知を獲得すること、第四の役割は、そういった適切な課題解決策を提示することにより、リードやパイプラインの目標を達成することである。

　第一の役割が最重要で、第二の役割以降は、第一の役割を果たすために必要な顧客対応を段階ごとに示した内容となっている。

132　　7章　役割の定義

（イ）責任の範囲

　営業戦略の策定を通じ、個人にアサインされた売上および収益目標の達成が、最重要項目となる。それに付随し、以下の3点もインサイドセールス・メンバーの責任範囲に含まれる。

● 営業戦略によって定められた、生成すべきリード件数・金額や、パイプライン件数・金額目標のKPI達成
● 最終的な売上および収益目標達成に向けて逆算した、担当アカウントの新規コンタクト開発数の目標達成
● 顧客プロファイルの取得や課題ヒアリングによる、顧客カバレッジの最大化

（ウ）職務

　大まかにいえば、キーコンタクトの開発、関係深耕・拡大のための施策立案・実行である。これをより日常的な業務内容に落とし込むと、次のように整理できる。

● 既存コンタクトへの継続的なコンタクト・定期的な情報提供
　（電話、メール、オンライン会議、バーチャルショールーム見学、ウェブコンテンツの送付、資料送付、イベントの案内など）
● 既存コンタクトのビジネス課題の把握と適切な提案、コミュニケーションの実施
● その時点でのファネル（MQL、SAL、SQLなど）を適切に把握し、次のステージへ遷移させるための施策の策定と実行
● 日々の活動を営業プロセスに定められた形式で報告（記録）・共有

（エ）能力①　人員配置時の基準となる資質

　実のところ、インサイドセールスはきちんと育成を行えば、ある程度必要な能力を獲得できる職種だと考えられる。そのため次に挙げる資質は、インサイドセールスに適した人材の特徴として理解してほしい。

- 「組織で成果を上げていく」という方針を理解し、自分の役割をこなす力
- マーケティングやフィールドセールスなど、周辺の部署やメンバーと円滑に連携を図れる力
- 自分が結果を残せないときに、周辺の部署などのせいにせず、組織の課題を考察する方向で思考できる姿勢

（オ）能力②　日々の活動の中で向上を目指していくスキルセット

多岐にわたるため、代表的なものを以下に箇条書きで示す。

- 担当アカウントが事業をしているマーケットの特性理解
- 電話、オンライン会議、メール等を用いたデジタル・コミュニケーションのスキル
- ヒアリング、プレゼンテーション等のコミュニケーションスキル
- 商材に関する知識・理解
- 上位マネジメントへの提案・円滑なコミュニケーション能力
- 顧客リレーションシップ〜提案活動〜成約に至るまでのタスクマネジメントスキル

こうした能力の発揮状況によって、メンバーのレベルは次の3段階で評価できる。

第一段階は、サポートがあれば指示・アドバイスに基づき活動できるレベルだ。第二段階は目標達成に向けたコール計画の立案や、行動・目標管理を自身で行え、戦略策定にも寄与でき、自力で業務をこなせるレベルである。第三段階は、フィールドセールスと同等の営業スキルを有し、組織に対してプラスアルファの貢献ができるようになる。

なお、インサイドセールスの業務は単独で完結するものではないことから、いずれの段階においても他部署と連携する能力が発揮できることは重要となる。

営業デジタルシフトで役割の定義が更新される機能

営業デジタルシフトは、インサイドセールスを新設すれば済む話ではない。営業基盤推進やインサイドセールストレーニングといった新たな機能を設けるほか、フィールドセールスやマーケティングなども旧来の役割を更新する必要が出てくる。

ここではフィールドセールスやマーケティングについて、インサイドセールス導入で生じる変化を中心に、新たに定義される役割を述べておきたい。前節と同様、代表的な役割、責任の範囲、職務、求められる能力について、マネジャーとメンバーに分けて解説する。

1 フィールドセールス・マネジャーの役割

（ア）役割

　第一は、インサイドセールスおよびマーケティングと共同で策定するチームの営業戦略を立案し、その実行や目標達成に向けてメンバーに適切なマネジメントやアドバイスを実施することで、これが主となる。第二の役割は新たに構築される営業プロセスに関わる機能間での円滑な連携を図ることで、第三はターゲット顧客の、より高い役職者との関係構築と深耕である。

　これまでは基本的にフィールドセールス単独での役割が中心だったが、インサイドセールス・マネジャーと同様に他部署との連携が重要となる役割が付与される。

（イ）責任の範囲

　担当顧客ごとに設定した売上・収益目標の達成が、最重要項目となる。同時に目標達成に必要な営業プロセスに関わるほかの機能との円滑な連携構築にも責任を負う。

　そのほか、インサイドセールス・マネジャーと同様に組織メンバーの育成・成長や、組織メンバーのモチベーション向上といったメンバーのマネジメント全般にも責任を持つ。

（ウ）職務

　（ア）で述べた第一・第二の役割と関連して、マーケティングやインサイドセールスとともに営業戦略を策定したうえで、メンバーの個別の計画をレビューすることがまず挙げられる。またマネジメント

業務には、KPI管理とチームパフォーマンスの最大化、チームメンバーの育成・モチベーション管理なども含まれることは、言うまでもない。

次に、マーケティング、インサイドセールスに加え、その他の関係部門のマネジャー層との課題共有や解決策の検討と実行など、組織的な連携を求められる。加えて、上位マネジメントに対する各種レポーティングも、インサイドセールス同様に重要な職務といえる。

第三の役割と関わる顧客対応では、ターゲットアカウントのCxOレベル、重要コンタクトとのコミュニケーションなどが挙げられる。

（エ）能力

インサイドセールス・マネジャーと同様に、社内の他部門および顧客の複数部門に対しては、折衝調整能力が欠かせない。この能力が強調されるのが、営業デジタルシフトによる大きな変更点といえる。加えて従来どおりターゲットアカウントのCxOレベルをはじめ、影響力の高いコンタクトへのリレーションシップ構築能力も必要となる。

メンバーに対しては、担当する顧客およびマーケットに対する売上向上のための戦略策定について助言する能力、データをもとにチームメンバー個人の能力を把握・評価し、育成する能力、KPIなど数値に基づいてチームメンバーのパフォーマンスをマネジメントする能力が求められる。

2 フィールドセールス・メンバーの役割

（ア）役割

主な役割は収益目標・ターゲットのシェア拡大達成に向けた、営業

戦略の策定・実行・達成である。他部署と共同で策定された営業戦略に基づいて活動することになる点が、営業デジタルシフトによる変更点として指摘できる。

（イ）責任の範囲

営業戦略の策定・実行を通じて個人にアサインされた売上および収益目標の達成が最重要項目となる。それに付随して、担当アカウントに関わるメンバー（マーケティング、インサイドセールス等）を組織して営業戦略が適切に実行されるようリードすること、商談を適切にマネジメントして精度の高い売上予測を立てることも、フィールドセールス・メンバーの責任となる。

特に他部署との連携のハブとして責任を持つ点は、新たな役割といえる。自らアポイントを取り、顧客情報を属人的に管理して売上を立てる、従来の営業スタイルからの大きな変更点ではないだろうか。

（ウ）職務

以下の5点からなる。

- アカウントに関する取引状況の正しい理解、アカウント企業の経営課題への洞察等に基づく収益目標達成のための営業戦略の作成
- インサイドセールスが獲得したキーコンタクトへの訪問および提案活動
- 各商談の受注までのプラン策定と実行
- 各商談のフェーズ管理
- 日々の活動の営業プロセスに定められた形式での報告（記録）・共有

職務についてもインサイドセールスとの連携が重視され、営業デジタルシフトに伴う商談管理や活動報告の変更も含意された内容であることを指摘できる。

（エ）能力

　代表的なものを以下に示す。

- 担当アカウントの事業マーケットやその特性への理解
- 社内の他部門および顧客の複数部門との折衝調整能力
- ヒアリング、プレゼンテーション等のコミュニケーションスキル
- 取扱商材に関する知識・理解
- 上位マネジメントへの提案・円滑なコミュニケーション能力
- 顧客リレーションシップ〜提案活動〜成約に至るまでの
  タスクマネジメントスキル

　インサイドセールス・メンバーとほとんど共通しているが、商談でのクロージングや、営業戦略の目標達成に向けて他部署のメンバーを組織する必要があることから、社内や他部署との折衝調整能力がマネジャーと同様に求められるのが特徴的である。

3 マーケティング・マネジャーの役割

（ア）役割

　第一は、インサイドセールスと共同で立案する営業戦略策定に加わり、その実行や目標達成に向けてマーケティングチームの活動を

マネジメントする。第二は、営業戦略をもとに、マーケティングチームにマーケティングプログラムの目標、実行プラン策定を指示、および効率性向上と予算コントロールを実施することである。

マーケティング・マネジャーが営業戦略の策定に関わり、営業戦略に沿ったマーケティング活動を展開することが、営業デジタルシフトに伴う変更点として指摘できる。

第三の役割は、営業プロセスに関わる機能間での円滑な連携を図ることで、インサイドセールスならびにフィールドセールス・マネジャーと同様、新たな役割といえよう。三者の連携が強く意識される点が、営業デジタルシフトによる大きな変化である。

（イ）責任の範囲

ROMI（Return On Marketing Investment；マーケティング投資回収率）の達成と実現のためのリソース配分、営業戦略や事業戦略に基づくマーケティングゴール（MAL数、MQL数、SAL数、パイプライン数、顧客満足度）の達成の2点が最重要項目となる。また目標達成に必要な営業プロセスに関わるほかの機能との円滑な連携構築や、組織メンバーの育成・成長、組織メンバーのモチベーション向上に対する責任は、インサイドセールスやフィールドセールスのマネジャーと同様である。

（ウ）職務

第一にマーケティングプログラム策定のための各部門との調整、第二にマーケティングリソース（予算、人員、活動）の適切なコントロールが挙げられる。さらにインサイドセールスやフィールドセールス、その他の関係部門のマネジャー層と課題共有や解決策の検討・実行などで組織的に連携することも重要な職務である。

加えて、従来からの職務でもあるインターナルマーケティングの実施による社内へのプログラムの浸透・推進も欠かせない。新たに導入される営業プロセスの意義を社内の人びとに理解してもらうには、マーケティングの働きが重要であることを表す。またKPI管理とチームパフォーマンスの最大化、チームメンバーの育成・モチベーション管理なども、職務に含まれる。

（エ）能力

　ここまで取り上げた役割を全うするのに、必要となる能力は次の3点である。

● 営業戦略、営業活動、顧客課題への理解・洞察と提案能力
● マーケティング施策の実行結果を分析するデータ分析力
● 社内の上位職位者とのリレーション構築、折衝能力

　特に1点めはインサイドセールスやフィールドセールスの領域への深い理解が求められていて、営業デジタルシフトによってマーケティングが積極的に営業に関与する必要が生じていることの反映として見ることができる。

4 マーケティング・メンバーの役割

（ア）役割

　主な役割はインサイドセールスやフィールドセールスと共同で、収益目標・ターゲットのシェア拡大達成に向けた営業戦略の策定・実

141

行・達成をすること。営業戦略の策定・実行・達成に基づきマーケティングを進める点は、営業デジタルシフトによる大きな変更点だといえる。

（イ）責任の範囲

第一に新規コンタクト開発、リードジェネレーションに関する目標の達成、第二に担当するアカウント群に対する売上目標・収益目標の達成、第三に目標設定されたROMIの達成である。マーケティング・メンバーであっても、売上や収益目標に責任を持つ点が重要である。

（ウ）職務

以下の4点にまとめられる。

- アカウントプラン達成に必要なコンタクト獲得のためのマーケティング・コミュニケーション（コンテンツやイベントなど）の企画、提供
- 個社向けに最適化したコンテンツの企画と提供（個社向け展示会、ウェブページ、ウェビナーの開催など）
- 営業と顧客企業の重要意思決定者との接点構築のためのイベント企画と実施（役員間面談、CEO/CIOサミットなど）
- 各コンテンツ、イベントの効果測定と改善

職務についても、営業戦略の達成に向けて必要なコンタクト獲得が第一に置かれている点が、営業デジタルシフトでの変化として挙げられる。

(エ) 能力

代表的なものを、以下に示す。

- 営業戦略、営業活動、顧客課題への理解・洞察の能力
- マーケティング・コミュニケーション全般に関する知識と実行能力
- 顧客課題を把握し、コンテンツおよびコミュニケーション方法を適切に組み合わせ、ターゲット顧客へのリーチをプランし、実行できる能力
- 多変量解析等データ分析能力、洞察能力

ここまで見てきたとおり、フィールドセールス、マーケティングのどちらの職種についても、営業デジタルシフトに伴う新たな営業プロセスの一部を担うという点ではインサイドセールスと対等であり、三者間の連携を強く意識した役割に更新されていることがわかる。

04 新設される機能の役割とその定義

営業デジタルシフトによって新設される、インサイドセールス以外の営業基盤推進とインサイドセールストレーニングの2つの機能について役割を解説する。

営業基盤推進は、デジタルシフトに向け必要な技術的基盤の提供を一挙に引き受ける。またインサイドセールストレーニングは文字通りスキル面のフォローアップを担い、ナレッジの集約と効果的な

トレーニングを設計する。

　ここでは部署の機能そのものが重要で、マネジャーとメンバーでの大きな違いは見られないことから、それぞれ1つの役割にまとめて記述する。

　どちらの機能も、営業デジタルシフトやインサイドセールスを導入した後で、円滑な運用が可能となるように支援する重要な役割を担っていることから、インサイドセールス導入時に合わせて設置することを検討してほしい。

1 営業基盤推進の役割

（ア）役割

　第一の役割はMA・SFAやCRMを定義した営業プロセスに合わせて構築すること、第二は各ロールのマネジャーおよびメンバーが活用しやすいダッシュボードの提供、第三はマーケティング、インサイドセールス、フィールドセールスをまたいだ営業プロセスにおいてファネル管理を実行できる基盤の提供、そして第四は各部門のマネジャーやメンバーに向けたツールの正しい利用の社内啓発活動の実施である。

　こういった機能は情報システム部門に任せきりになりがちだが、営業基盤推進を導入することで、営業に近い視点から実際の業務に適した運用を円滑に進めることができる。

（イ）責任の範囲

　営業プロセス効率化、営業活動分析に必要なシステムが整備されていること、およびその維持向上が中心となり、それ以外に利用者率

の目標達成や、各ロールのマネジャーがSFAやCRMを活用して適切なマネジメントができるようになることについても責任を負う。

（ウ）職務

既存システムの保守・サポート、各部門が利用しやすい機能の開発・拡張、営業基盤の利用促進のためのマネジャーおよびメンバー向けトレーニングの実施の3点である。これらの職務の前提に、定義された営業プロセスの理解が含まれる。

（エ）能力

1つめが営業プロセスの理解、2つめが営業プロセスをシステム化する能力、3つめがシステム導入・運用に関する能力であり、3つのうち2つは営業プロセスに関係する能力である。

2 インサイドセールストレーニングの役割

（ア）役割

第一はインサイドセールスチーム全体のスキル目標の設定と達成までの計画策定、第二にインサイドセールスが基本的なスキル、より高いスキルを得るための必要なトレーニングプログラムの策定、およびトレーニングコンテンツ制作、第三に個々のインサイドセールスのスキルアセスメントの実施と、個々人に必要なトレーニングの提供である。

トレーニング自体は人事部門からの提供も想定されるが、インサイドセールスの導入直後に適切なトレーニングプランを策定するの

は困難である。そこで単独の部署を設置し、ナレッジを集約する際のセンターとして機能させることで、現場で必要とされるトレーニングをよりスピーディーに提供することが可能となる。

（イ）責任の範囲

インサイドセールスチームおよび個々人のスキル目標の達成、インサイドセールスの達成率の向上の2点について責任を負う。

（ウ）職務

次の5点にまとめられる。

- インサイドセールス用トレーニングプログラムの設計・コンテンツ制作、トレーニングの実行
- インサイドセールス活動の観察とスキルアセスメントの実施
- インサイドセールス活動への具体的な改善アドバイス
- 講習型と自学型の教育手法のバランスの見極めなど、予算と期間に見合う形で効果の最大化を図る教育プログラムの設計
- インサイドセールスの活動結果やビジネス環境の変化に伴う教育プログラムの見直し

マネジャーを含め、組織内にインサイドセールスの経験者がいない状況は十分想定できる。実際の活動を観察しながら商材や組織に合ったスキルを評価していくことも、インサイドセールストレーニングの重要な職務となる。

（エ）能力

インサイドセールスおよび営業向けトレーニングプログラムの開

発能力、インサイドセールスの活動改善に対する理解とアドバイスの能力に加えて、教育・トレーニングに関する基礎的な理解が求められる。

05 適切な人員配置の重要性

　最後に各職務の役割の定義に基づき、インサイドセールス組織に配置する人材を検討するときに、陥りがちな誤りを指摘しておく。

　それは新人、あるいは中途採用で外部のインサイドセールス経験者に限定して人を集めてしまうことだ。前者は十分なトレーニング体制がない場合に顕著だが、両者に共通して想定したほどの成果が出ない場合、インサイドセールスチームの中に自社の商材や社内の仕組みに精通したメンバーがいないことが大きな原因と考えられる。

　それぞれの職務で必要な能力を満たしているかだけではなく、各自の経歴も考慮してさまざまなバックグラウンドを持つ人員を適切に配置すること。このこともまた重要である。

　さらにフィールドセールスやマーケティングなど他の部署から信頼されている人員を配置することは、インサイドセールスの活動への理解や部署間の連携にも有利に働く。その点も、人員配置を検討する際に重視してほしい。

8章

ファネルごとのKPIマネジメント

基本的なファネルの分け方

　営業デジタルシフトでは実行モデルや各部門の役割に多少の違いはあれ、分業と連携を図りながら効率的かつ戦略的に顧客との関係性を築いていく手法であることは、これまでの解説により理解できたのではないだろうか。

　だが実践段階となると、連携は大きな壁となる。なぜなら顧客とのタッチポイントは多岐にわたり、ひとつの契約をとっても営業（フィールドセールス）の担う領域だけで成否を問うことは難しくなるからだ。どのようなリードを部門間で受け渡すのか、各部門はどのような成果を上げれば機能しているといえるのかといったことをあらかじめ定義づけしておくことが重要となる。

　本章では「ファネル」と呼ばれる概念を取り入れた、KPIやKAIをはじめとする指標を用いたマネジメント手法のポイントを解説する。

1 営業プロセスはファネル構造

　問い合わせやマーケティング施策などで生まれた見込み客（リード）の母数から、具体的なニーズを認識できたリード、提案活動に入ったリード、受注に至ったリードと、段階的に絞られていくプロセスが、じょうご（ファネル）の上から下に水が落ちるようなイメージであることから、一般的に営業のプロセスはファネル構造といわれる。

　分業型営業（ターゲット選定から受注後のフォローまで、一連の営業プロセスを段階に分類して進める営業手法）では、営業モデルによ

りどこで線引きするか違いはあっても、マーケティング、インサイドセールス、営業（フィールドセールス）でファネルの入口から出口までを分業する点は共通している。このため、特定の見込み客（リード）が現在、ファネル上のどの段階に位置するのかについて、共通のものさしで正確に把握し共有できる仕組みを必要とする。

2 基本的なファネル定義の例

　ファネルの段階分けは、実際の運用に応じてさまざまな粒度が考えうるが、本著では基本的な単位として次のように定義する。

（ア）MAL（Marketing Accepted Lead）

　マーケティングで獲得したリードのうち、競合、パートナー、個人客などのターゲットにならない企業を除外したリードを指す。マーケティング（インサイドセールス）のナーチャリング対象の母数として扱われる。これらのリードに対し、マーケティング（インサイドセールス）による１次ナーチャリング（顧客の興味、ニーズの確認）を実施する。

（イ）MQL（Marketing Qualified Lead）

　マーケティング（インサイドセールス）による１次ナーチャリングを実施した結果、顧客の興味、ニーズがあることを確認できたリード（＝ホットリード）をさす。つまり、ウェブや架電によるコンタクトをした結果、自社に関心を持ってくれている状態であり、営業への引き渡しを行う候補になるリードである。

151

（ウ）SAL（Sales Accepted Lead）

　マーケティング（インサイドセールス）によってホットリードが創出され、営業（フィールドセールス）としても訪問活動を実施すべきと判断したリードをさす。マーケティング（インサイドセールス）から営業への受け渡し（商談化）が行われ、営業も訪問対応にコミットしている状態のリードをさす。

（エ）SQL（Sales Qualified Lead）

　営業が顧客訪問およびヒアリングを実施した結果、本提案に向けて中期的に追うべきと判断したリードをさす。

（オ）Opportunity

　顧客ニーズや課題を深掘りした結果、提案ソリューションが具体化し、本提案に向けて体制構築がされるなど、提案活動に入ったリードをさす。

　なおここでの説明では便宜上、SAL以降のプロセスの主体をインサイドセールスないし営業（フィールドセールス）のどちらが担うかは明記していないが、SAL以降営業（フィールドセールス）が主体になる場合もあれば、クロージングまでインサイドセールスでカバーする場合もあり、実行モデルに応じて変わる点はご留意いただきたい。

　また上記はあくまで基本的な単位の分類であり、運用設計によってはさらに細かく段階分けしたいケースなどもあると想定される。ただしその場合、運用が煩雑になる可能性もあるため、実運用との兼ね合いで設計する必要がある。

152　8章　ファネルごとのKPIマネジメント

ファネルごとに評価指標を設ける意義

1 重要な各営業プロセスの評価軸

　営業デジタルシフトの推進において、最も重要な運用設計のひとつが、ファネルのフェーズごとのKPIとKAIの設定、および指標を用いたPDCAサイクルの運用である。

　従来の営業組織でも、数字目標は当然ながら重要視されていたと思うが、あくまで「売上目標」という最終的な結果だけではなかっただろうか。つまり、売上目標に対する実績は評価しても、それぞれの営業がどのような状態の顧客・案件見込を抱えているか、どの案件に対しどのような活動を、どの程度実施しているのかといったことはブラックボックス化しており、正しく評価できていなかったといえる。

　売上数字目標の達成には、さまざまな要素が複雑に絡み合って成り立つ。売上目標に達しなかったのは、案件の母数が足りなかったからなのか、それとも、案件の数は十分でも提案活動の質に課題があり取りこぼしていたからなのか、あるいは、受注確率の低い案件を追いかけすぎていたからなのかなど、さまざまな理由が考えられる。それらのうち何が課題だったのかを特定できないと、対策も見当外れなものになってしまう。

　営業デジタルシフトにおいては、フェーズごとにKPIやKAIなどの指標を設けることで、実績を裏づける要因の分析を可能にすることが非常に重要といえる。

2 KPI・KAIとは何か

ここで改めてKPI（Key Performance Indicator：重要業績評価指標）とKAI（Key Activity Indicator：重要活動評価指標）について意味と役割を確認しておこう。

KPIとKAIは、いずれもビジネスの最終目標、つまりKGI（Key Goal Indicator）達成への過程を評価する指標という点で共通している。だがKPIがゴールへのプロセス指標であるのに対し、KAIは行動量の指標を示す点で違いがある。

具体例を挙げると、次のとおりである。

〈KGIの例〉	〈KAIの例〉	〈KPIの例〉
●売上目標 　（受注件数・金額）	●MALフォロー率 ●架電数 ●メール件数	●リード獲得数 ●MQLの件数/見込み金額 ●Opportunityの件数/ 　見込み金額　　など

3 KPI・KAIマネジメントが可能にすること

設定したKPIやKAIに基づきPDCAを回していくことのメリットを考えてみたい。

まずマネジメントの観点では「プロセスの具体的な評価分析が可能になる」点である。フェーズごとのKPIとKAIの達成率を観察することで、目標の達成もしくは未達の要因を分析できる。その結果を適切な改善ポイントの指摘につなげたり、組織運営上の人員配置などに役立てたりできる。

実務にあたるメンバーにとっても、得られるメリットは多い。ひとつは、やるべきことが可視化されるという点だ。売上数字目標の手前にKPIやKAIを設けることで、自分がいつまでに、何をどれくらいしなければいけないかが明確になる。このため具体的な活動計画に落としやすい。また、自身の行動を評価しやすくなることにも注目したい。フォローアップ率の高さや、顧客の課題をうまく引き出すスキルが数字に反映されることにより、自分の強みないし改善ポイントを把握できる。マネジメント層とのコミュニケーションでも共通の指標で話し合えるようになる。その点を踏まえても、KPIやKAIは非常に有用な評価軸といえよう。

4 CVRとは何か

　KPIとKAIに加え、もうひとつ重要な指標にCVR（Conversion Rate）がある。

　ファネルの各段階で創出したリードが、どれだけ次のフェーズに進めたかを測る指標である。次に示すのは、代表的なCVRの例である。

（例１）MAL→MQLのCVR：マーケが獲得したリードのうち、ホットリードと判断されたリードが占める割合

（例２）Opportunity→WinのCVR：具体的な提案活動に至ったリードのうち、受注に至ったリードが占める割合

　目標設定の段階では、過去実績などからCVRを算出することが多い。目標とする受注件数などからCVRを逆算していくことで、各フェーズでの目標とするKFIを導くことができる。

5 CVRマネジメントが可能にするもの

　CVRはいわば「目標達成を左右するレバー」である。いくら前のフェーズでのKPI（例：マーケティング活動により取得したリード数）が数字として積み上がっていても、次のフェーズのKPI（例：マーケティング経由で取得したリード数のうち、インサイドセールスが架電し追うべきと判断したリード数）につながる割合（＝CVR）が低すぎる場合は、マーケティングが獲得するリードはターゲットから外れている可能性が高いといえる。

　やみくもにKPIやKAIを増やすことに躍起になるのではなく、活動の質を高めるにはCVRにも注目する必要がある。

　CVRが低いときは、前フェーズのKPIの質が低い、次フェーズのアクションが足りていない、そもそも各フェーズのKPIの設定が適切ではない、フェーズ間の引き渡し基準が不明瞭などの理由が考えられる。多様な観点から見直し、何かしらの改善を図ることが求められる。表面的に判断するのは難しい場合も多いので、慎重に状況を見定めることがカギとなる。

KPI・KAI・CVR設計のポイント

1 よいKPI・KAIとは何か

　これまで説明したとおり、KPIやKAIは事業を加速させるツールとして非常に有効である。KPI、KAIの設定とその運用がうまく機能すれば、

現場の日々の活動は目標に向かって促進され、マネジメントも経過を正確に把握し適切な対処をとれる。結果として事業の成功につながる。

だからこそ、多くの企業や事業がKPIおよびKAIを用いたマネジメントを取り入れているが、「真の意味でKPIやKAIを使いこなすこと」の難しさは、本書を手にした読者の方々も思い当たるところがあるのではないだろうか。

KPIやKAIを設定したとしても実態として運用されないケースや、KPI、KAIがあることで数字を追いかけることに集中してしまうあまり、根本的な課題が見過ごされてしまうといったケースが、さまざまな現場で発生している。

うまく活用できれば事業をブーストする強力な武器となる一方、使い方を誤れば活動の根幹を揺るがす。KPI・KAIは諸刃の剣であるゆえに、設計が非常に重要である。

2 SMARTモデルに基づく「よいKPI・KAIの条件」5か条

事業を成長に導くKPIやKAIはどのように設定すればよいのか。ここではアメリカのジョージ・T・ドラン博士が提唱したSMARTモデルを用いて、「よいKPI・KAIの条件」について考えてみたい。

SMARTモデルは目標設定に有効なフレームワークとして、経営コンサルティングをはじめビジネスシーンにおいて広く伝わる。"SMART"は、Specific（具体的な）、Measurable（測定可能な）、Achievable（達成可能な）、Relevant（関連した）、Time-bound（期限を定めた）の5つの言葉の頭文字からきている。

指標を設計する際、次に示す（ア）〜（オ）の条件を満たすよう、心がけてほしい。

（ア）Specific（具体的な）

KPI、KAIは具体的かつ明確に定め、人によって解釈や定義がブレないようにすることが重要である。

たとえば「訪問件数」をKAIに掲げても、どのような訪問がカウント対象なのか、何件訪問すれば目標達成なのか、この基準が曖昧だとKAIの達成または未達を判断しがたい。また一般的に、特定の商談フェーズに到達したリードの数や金額をKPIに設けるケースは多いが、商談フェーズの判断基準にムラが生じていては、KPIの達成に疑義が生じる。

たとえばSQL（営業が訪問した結果、本提案に向けて追うべきと判断したリード）の件数をKPIにおいたとすれば、それはリードとしてどのような条件を満たしているのか——予算情報を取得している、課題認識を持つキーパーソンを見つけた状態であるなど、判断基準を明確にする必要がある。

上記のように、KPI、KAIの定義をできる限り具体的にすることで、「そのKPI・KAIが達成された状態」を、関係者全員が共通のイメージが持てるように設計すべきである。

（イ）Measurable（計測可能な）

KPI、KAIはできる限り計測可能なものを設定すること、定期的に評価できる仕組みをつくることも大事な要素である。

計測が困難な定性指標はそのままではKPIに向かない。そのため計測可能な指標になるよう置き換える、計測できる仕組みを設計するといった工夫を講じる。

例を挙げると「セミナー受講者の満足度」をKPIに設ける場合は、アンケートを実施し満足度を5段階で評価するといった具合である。（ア）で例示した「SQLの件数」など、特定の商談ステージのリード数をKPI

に設定する際は、商談ステージを明確に定義するとともに、どのリードがどのフェーズにいるかを計測できる仕組みがなければならない。

SQLのように本格的な提案に入っているリードであれば、これまでもマネジメント側で把握できるようにしていたかもしれない。だがMAL（自社に関心を持っている程度のリード）のように、商談フェーズの初期段階にあたるリードについては、全量を把握できていないケースがほとんどではないだろうか。常にマーケティング〜営業部門全体で保有しているリードの全量と、それぞれのリードの状態がアップデートされるようなデータベースがなければ、管理するのは不可能に近い。

また仮に商談ステージごとのリードの数を計測していたとしても、常時可視化されている状態でなければ、定期的に評価するのは難しい。KPIダッシュボード（MA・SFA〈CRM〉ツールで、指定した項目を一覧で表す管理画面のこと）を整理したり、週次・月次・四半期ごとなどの定期的な報告会の場で、設定したKPIやKAIの進捗を決まったフォーマットで確認することを取り決めるなど、関係者間で定期的な可視化および評価を行う仕組みをつくっておきたい。

そもそもデータベースがない場合や、ダッシュボードが整理されていないなど、計測と可視化が困難なケースも少なくない。その場合は、ある程度コストと時間をかけてでも、計測と可視化の仕組みを整えることをお勧めする。MA・SFA（CRM）ツールの導入と、ツール上の情報が常にアップデートされるように、ツールの活用を運用ルールに組み込む、ツールへの入力を義務化するなどの制度設計を行うとよいだろう。

（ウ）Achievable（達成可能な）

KPIとKAIは、現実的にチャレンジ可能な目標に設定すべきである。達成が明らかに難しい非現実的な目標を掲げてしまうと、かえって関係者のモチベーションにも悪影響を与え、うまくいかない。かといっ

159

て、安易に達成できる目標に設定しても意味がない。「チャレンジすれば何とか達成できそう」というラインが望ましい。

たとえば売上目標から過去の実績ベースのCVRをもとに逆算し、各プロセスのKPIとKAIを設定したところ、目指すべきMALやSALの数が天文学的な数字になってしまったといったことは、設計段階でよく見られる。その場合はCVRアップのための方策を先に検討し、そのうえで各プロセスのKPIとKAIを現実的なラインで設けられるように調整する。

逆に目標を先に設定し、その実現に向けた具体的な手段とリソースが伴っているかという観点で、手段側を見直すという方法も考えられる。営業デジタルシフトの推進、インサイドセールスの活用などは、まさに手段のひとつである。ぜひ活用してほしい。

（エ）Relevant（関連した）

当然ながらKPIやKAIは、ビジネス成果や事業目標（KGI）との関連性が高いものであることを前提とする。関連性が低いと、KPIとKAIの目標達成に尽力したにも関わらず、KGIに結びつかないといった事態となり、むしろ企業全体で見たときの生産性を下げてしまいかねない。設計したKPIやKAIが、本当にKGIの達成に貢献する指標なのかどうか、運用段階に入ってからも適宜検証する必要があるだろう。もし、KGIとの関連性が低いと判断したKPIやKAIが出てきたら、これらの指標は廃止するほうがよい。手段が目的化しないように気をつけたい。

また組織マネジメントの観点でいえば、個人目標との関連性にも注目すべきだ。組織の目標指標であるKPIやKAIと従業員の個人目標が紐づいていれば、個々がKPI・KAIに取り組む意義は強まり、モチベーションやパフォーマンスの向上につながる。またKPI、KAIの達成と連動し、個人評価の向上などのインセンティブがあるかといった観点も重要である。必ずしも人事制度と直接紐づかなかったとしても、

160   8章 ファネルごとのKPIマネジメント

管理職やリーダーが評価して褒めるなど、個々人の結果がきちんと還元されるようなマネジメントを意識したい。

（オ）Time-bound（期限を定めた）

期限が定まっていない目標に対しては、計画の必要性が薄いため「とりあえずやれる範囲で着手しやすいところからやる」という取り組み方になりがちである。その結果なかなか実行に移せずに、目標未達のまま時間だけが過ぎていく。KPIやKAIを設定すると同時に妥当な期日を設定することで、目標達成を意識して具体的な行動を起こせるようになり、生産性の向上につながる。

なお適当な期日を設けるコツは、ある程度ブレイクダウンさせることである。「1年間で40件」という目標よりも、「四半期に10件」「1か月あたり2〜3件」というほうが、より現実的な行動計画を意識するうえ、小さな成功体験も積みやすい。ブレイクダウンの妥当性はKPIやKAIの性質によって異なるが、意識してほしい。

3 組織の課題・状況に応じ柔軟な運用を

一般的なBtoBの営業・マーケティング活動では、先に述べたファネルをベースに、ある程度定型化された形でKPI、KAIを設定することはできなくもない。サンプルを後ほど例示するが、あくまでモデルケースとして捉えるべきものである。実際にはそれぞれの会社や組織で、現場の実情や課題に合わせて独自の視点を持ち、どの指標をKPIやKAIに置くか、それぞれの指標の定義をどう落とし込むか、KPI、KAIごとにどの部門が達成の責任を持つのかを検討してほしい。

例えばインサイドセールスのKPIにSAL（ホットな状態にあり、営

業への引き渡しを判断したリード）の数を採用するケースは多く見られる。しかしすでに十分な数のSALが提供されているのに、その質が低いため有効な商談につながっていないといった課題がある場合は、SQL（営業が訪問した結果、本提案に向けて追うべきと判断したリード）やOpportunity（提案活動に入ったリード）の数など、より商談や案件の質に直結する指標をインサイドセールスのKPIとして定める、といった選択肢も考えられる。各社の課題と状況に応じて柔軟にKPI・KAIを使えるようにしてほしい。

4 KPI・KAI設定の手順

（ア）各定義についての合意形成

各KPI・KAIを具体的に落とし込む前に、まずは

- そもそものファネルが定義されていること
- 必要なプロセスが定義されていること
- 各組織の役割が定義されていること

といった、各定義が整理されていることは大前提である。もしここの定義が曖昧になっていたり、関係者間で異なる解釈が発生したりすると、KPIやKAIの設計がスムーズにいかないので、（イ）（ウ）を進める前に関係者間で合意形成をしていく必要がある。

（イ）最終目標（KGI）からの逆算

前提を整理したうえで、ようやくKPI・KAIの設定に着手できる。
まずKPIについては最終的な事業目標（KGI：受注件数・金額等）から逆算して各リードをどれくらい積み上げておく必要があるかを算

出する。その際の基準となるのがCVR（あるフェーズのリードが次の
フェーズに移った割合）である。CVRは基本的に過去の実績などから
算出する。もし過去の実績などが計測不可能であれば仮の数字を置
くことになるが、その妥当性については常に見直す必要がある。

　CVRの見積もりが甘すぎては、前フェーズのKPIが積みあがっても
最終目標に対して未達になる危険性があるし、逆に厳しすぎると、前
フェーズで積み上げなければならないKPIが膨らみすぎるためだ。
CVRはリードの質ないしはプロセスの質を反映するものであるため、
CVR自体を向上させていくにはどうするかという観点が必須である。

　このような検討を行ったうえで、KPIを達成するための行動目標を
KAIとして設ける。メール送信数や訪問件数といったわかりやすいア
クション数のほか、トップ層への継続アプローチ率など、CVRの向上
に必要な行動を意識した指標などを盛り込んでもよいだろう。

（ウ）全体調整

　最後に計画全体を俯瞰し、立てた指標が無理のない設定になって
いるかの観点で見直す。

- KPIやKAIの数が非現実的な数字になっていないか
- 目標とするKAIに対して、必要充分なリソースもしくは手段が
  整備されているか

といった観点で見直すことで、現実的にチャレンジ可能なKPI、KAIに
していく。

5　KPI・KAIの設定サンプル

　典型的なファネルをモデルに、具体的なKPI、KAIのサンプルを図に示した。

163

図3 | KPI・KAIの設定サンプル（新規コンタクトの場合）

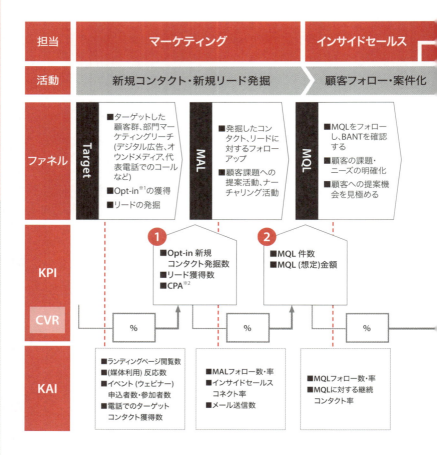

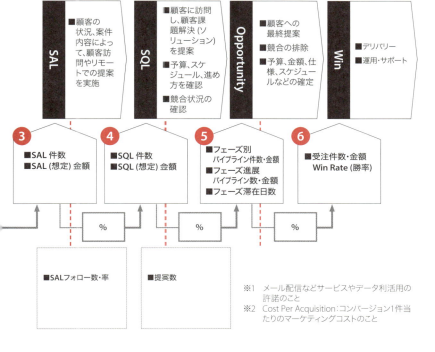

図4 | KPI・KAIの設定サンプル(既存コンタクトの場合)

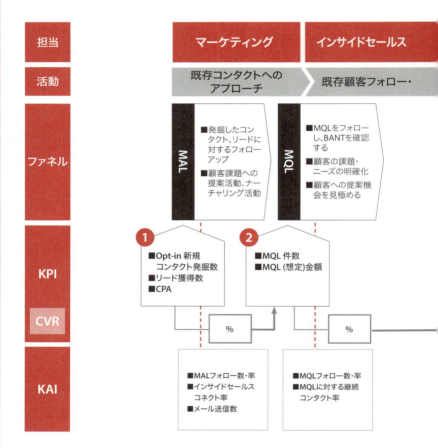

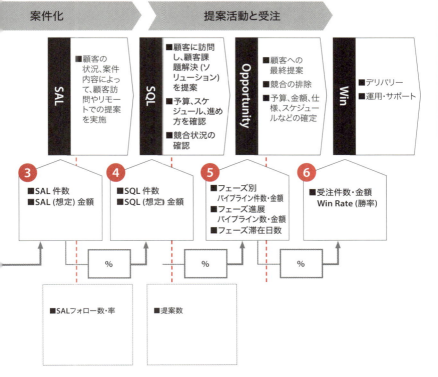

図3・図4として、新規コンタクトの場合と既存コンタクトの場合の2パターンを用意した。既存コンタクトは、コンタクト情報をすでに取得した状態が前提であり、特に初期のマーケティングの活動の目的が、新規コンタクトの場合とは異なる。スタート時のアクションにも違いが生じることから、分けて表現している。

　図中の各要素の位置づけは、次を参考にしてほしい。

　a　担当…各ファネル（リード）と、それに紐づくKPIやKAIの達成に責任を持つ主体である。担当の振り分けは、実行モデルによっても異なるため、注意してほしい。また3項で解説したように、それぞれのKPIやKAIに紐づく要素の質を高めるために、後フェーズの数字についても前フェーズの担当の目標指標に追加する、といったことも考えられる。課題や組織の形に合わせて設計する。

　b　活動…営業活動の目的を、フェーズ別に大まかなくくりで記載している。これらを詳細に分解していくことでファネルになる。

　c　ファネル…この図では、「リードの状態（図３の場合：MAL→SAL→SQL→…）」と、「リードを次のリードの状態に成熟させていくために必要なプロセス（図３の場合：発掘したコンタクト、リードに対するフォローアップ〈MALとMQLの間〉）」というように、分解して記している。KPIは業績評価指標、KAIは行動評価指標であるから、前者の件数や見込み金額がKPI、後者を具体的なアクション内容に落とした際の件数や指標がKAIになる。

　d　KPI…基本は各リードの件数や見込み金額をKPIに設けている

168　**8章　ファネルごとのKPIマネジメント**

ので、解説でいう「リードの状態」に紐づける形にしている。

　e　**CVR**…KPIに設定するリードの件数や見込み金額が、次のリードに移行できた割合を示す。

　f　**KAI**…cの解説でいう「次のリードの状態まで成熟させていくために必要なプロセス」について、それをアクションレベルに落とし込んだときの行動件数を設定している。このため、プロセスと紐づける形でKAIを記載している。

　なお繰り返しになるが、あくまでこちらはサンプルである。これまで述べてきた原則論を意識しつつ、各社の運用に応じてアジャストしていただきたい。

KPI・KAIの分析について

　前項までで定めたKPI・KAIをもとに、それらをどのように適切な行動変容につなげていくか、運用面で考慮すべきポイントを記載する。

図5 ｜ 指標確認の会議体の定義とPDCA

主な確認指標	KAI	
	日次 IS・FS(※)のロール毎実施	**週次/隔週** IS+FS+マーケで合同実施
目的	**KAIをロールごとで確認** IS活動のサポート ISメンタリング	**ロール跨ぎでプロセス確認** →定量面+定性面のチェック 課題共有と解決翌週の計画と 実施課題の解消
参加者	**IS・FS ロールごとで実施** 【IS】メンバー+マネジャー 【FS】メンバー+マネジャー	**IS・FS・マーケ横断で実施** 【IS】メンバー+マネジャー 【FS】メンバー+マネジャー 【マーケ】メンバー+マネジャー
アジェンダ	【IS】コール先・コール準備・コール内容 【FS】訪問先・提案状況・提案内容 不安点の解消	週次のKPI進捗 課題・改善点の抽出 アドバイス協力要請

← KAI目標値やロール間連携を意識しながら
日々のアクションを改善・実行していくための会議体 →

※IS：インサイドセールス　FS：フィールドセールス

1 定期的な評価の仕組み化

　まず重要なのは、定期的な評価の仕組みをつくることである。KPI、KAIを設定しても、それらを意識して日々の活動に反映させているか、活動した結果どんな問題が起きているかといったPDCAが回らなければ、経過段階で適切な対策を打つことはできず、KPIやKAIを設定した意味がなくなる。

CVR	
KPI	

月次	四半期
IS+FS+マーケで合同実施	IS+FS+マーケで合同実施

全体を定量面でレビュー実施	**全体を定量面でレビュー実施**
進捗の健全性検証 (ファネル毎の達成率/実数/CVR)組織課題の特定と対策メンバーのスキル強化策	進捗の健全性検証 (ファネル毎の達成率/実数/CVR)組織課題の特定と対策
営業 部長・マーケ 部長 IS マネジャー FS マネジャー マーケ マネジャー	**営業 責任者・マーケ責任書** 営業部長・マーケ部長 IS マネジャー FS マネジャー マーケ マネジャー
月次KPI進捗とCVR 今後の計画と見込み(翌月/3ヶ月) リード開発進捗・計画 スキル強化支援策 支援要請	四半期KPI結果とCVR ファネル上の改善・強化 ☑ リード開発 ☑ ISフェーズ ☑ 提案フェーズ リソースプラン
1on1 マーケ部長⇆営業部長	**責任者連絡会** マーケ責任者⇆営業責任者

KPIに基づく結果のレビュー・評価を行うための会議体

そこで推奨したいのは、KPIやKAIをいつ、どの会議体で、誰を交えて確認するのか、振り返りのタイミングや方法を指標の設計段階で決めておくことである。

図5の例でいうと、KAIは部門ごと（組織ごと）に日次で確認し、マネジメントがメンバーの日々の活動をモニタリングしている。メンバーレイヤーで実行に問題があれば、そのつど対処できる。

一方、KPIは部門横断で週次／隔週～月次～四半期といった頻度で確認している。KPIの達成状況を組織の壁を越えて確認しながら、部門間での活動状況の把握や相互にフィードバックする機会を設けるのが重要である。

後述するが、KPI達成が難しい場合に見直すべきポイントは、自部門のみで完結できる問題ではない場合が多いため、横の連携をとりやすくするための工夫である。また、月次、四半期などでは経営層や営業部門全体の責任者の参加を義務づけることで、定期的な状況報告、およびリソースの強化などのように、経営的な支援が必要になった場合に随時要請ができるようにしていることもポイントである。

2 ファネルごとのKPIの改善方法

ファネル上のKPIが進捗せず、達成が困難な見込みである場合は、その要因を分解して改善施策を検討する必要がある。あるKPIの達成・未達成の主な要因は、（ア）その前のプロセスにあるKPIや指標の達成度と（イ）その前のプロセスからのCVRに分解して考えることができる。分解したそれぞれを評価し、ボトルネックを見つけることが重要になる。

（ア）前プロセスのKPIや指標が未達の場合

　そもそも充分にリードが供給されていない場合を指す。前プロセスにKPIや指標が未達に終わる課題が存在していると考えられるため、前プロセスを見直す必要がある。

（イ）前プロセスからのCVRが低い場合

　計画通りにリードが供給されているにもかかわらず、次のプロセスにリードを渡せていない場合を指す。その場合はさらに、「自プロセスに問題点がある場合」と「前プロセスから供給されているリードの質に問題がある場合」の２つパターンを想定することができる（もちろん、両方の掛け合わせである場合も多い）。

　前者であれば自プロセスのKAIの到達度合い（想定したアクション数を打てているのか）や、そのアクションの質などを見直すことで、ボトルネックとなっている要因を探る。後者であればリードの定義を改めて見直し、質を担保してもらうための指標を追加するなどして、より自プロセスの成果につながるように前プロセスの意識を促していく。

　なお表面上の数値だけを見ていても、実際の問題が解決しない場合も多い。分析や改善策を探る際は、数値だけでなく定性情報（関係者へのヒアリング等）の収集や、活動状況の観察を並行し、潜在的なボトルネックを探り当てることが求められる。

3 分析・改善の具体例

　KPIやKAIの分析と改善は、実際にはどのように進めるのか。図3や図4に例示したファネルをベースに、対策を導く際の考え方を見ていくこととしよう。

【例】Opportunity件数が不足している場合

　前項で記した分析プロセスに倣い、まずOpportunity件数の要因を分解する。すると図で示しているファネルの上では、

　（イ）その前のプロセスにあるKPIや指標の達成度
　　　　　　　　　➡SQL件数……①へ

　（ロ）その前のプロセスからのCVR
　　　　　　　　　➡SQLからOpportunityへの変換率……②へ

に分解できる。それぞれの数値目標からの乖離や前期間からの変化を見て、どちらにネックがあるか（または両方に課題があるか）を仮説立てる。

①SQL件数に課題がある場合

　Opportunityの前フェーズであるSQLにネックがある場合は、【例】の冒頭でOpportunity件数不足の要因を分解したのと同様に、

　（イ）その前のプロセスにあるKPIや指標の達成度
　　　　　　　　　➡SAL件数……③へ

　（ロ）その前のプロセスからのCVR
　　　　　　　　　➡SALからSQLへの変換率……④へ

というように分解し、それぞれの要因をさらに深掘りしたうえで分析する。

② SQLからOpportunityへのCVRに課題がある場合

SQLからOpportunityへ移行する際のCVRにネックがあると想定する場合は、

・この段階のKAIである提案数（図3・図4参照）を、十分満たしているか

このほか、営業（フィールドセールス）による提案内容の質など、CVRに影響を及ぼす他の変数や要素を洗い出し、さらに分析を進めていく。場合によっては、営業（フィールドセールス）個人別のデータを見たり、メンバーや顧客にヒアリングしたりする必要も出てくる。

図6 | Opportunity件数の改善フロー その1（②に問題あり）

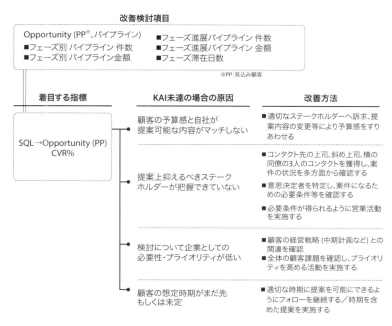

参考までに、この課題でよく見られる原因とその対策例をいくつか紹介しよう。

（例1）顧客側の予算感と提案内容のミスマッチ

価格面がネックとなり、顧客側の予算規模では希望を満たす提案ができないケースである。その場合、顧客側の予算を引き上げる活動、もしくは予算に合わせて提案内容を変更するといったアクションを選択することとなる。特に前者は、適切なステークホルダーにコンタクトする、提案のメリットや魅力の訴求を図るといった活動の質が問われる。

（例2）ステークホルダーを把握できていない

提案上押さえておくべきステークホルダーを把握できず、窓口役への情報提供が具体的な提案につながらないケースである。コンタクト先の組織構造を改めて把握するとともに、窓口役の上司や隣接する組織の上司、横部門等のコンタクトを取得し、多方面から情報提供者を得て案件状況を確認するなどが対応として考えられる。

③SAL件数に課題がある場合

SALにネックがある場合は、【例】のOpportunity件数不足や、②のSQL件数不足のときと同様、

（イ）その前のプロセスにあるKPIや指標の達成度
     ➡MAL件数 ……⑤

（ロ）その前のプロセスからのCVR
     ➡MALからSALへの変換率

に分解し、それぞれの状況と背景を掘り下げて分析を進めていくことになる。

176 8章 ファネルごとのKPIマネジメント

④SAL→SQLのCVRに課題がある場合

SALからSQLへ移行する際のCVRに課題があると想定した場合は、②のSQL→OpportunityのCVRを考察したときと同様に、SAL→SQLのフェーズで設定したKAIと、その他の変数や要素の分析を行う。

図3・図4より、この段階のKAIは、「SALフォロー数・率」である。

フォロー率が低い場合、その要因はリソース上の問題（人員不足など）によるものなのか、フォローの準備にかける工数にネックがあるのかなどを分析する。

この課題で見られるほかの原因例を挙げると、次のとおりである。

（例1）SQLに至らないSALが供給されている
　　　　（SALの判断基準を満たしていない）

SALの質が悪く、フォローしてもSQLにならない割合が高いケースである。この場合はSALの判断基準を見直す必要がある。特にBANT情報におけるN（Needs）が明確にわかるように確認の仕方を再検討するなど、SALの基準を変更する必要がある。

（例2）顧客のニーズや検討状況を聞き出すための
　　　　コミュニケーションが不十分

営業担当のヒアリングスキルの不足により、顧客課題を深掘りできないために、SQLに至る資質があるリードなのにSQL化できていないケースである。

この場合は、特にヒアリングを通じてBANT情報を確認できるように、営業担当のスキルアップを図る必要がある。たとえばSPIN話法（フレーム）を取り入れ、必要とする情報をスムーズに入手できるノウハウを構築するなどである。またBANT情報を入手するにあたり、キーポイントとなる確認事項を整理するなどの対策を講じる。

図7 ｜ Opportunity件数の改善フロー　その2（①に問題あり）

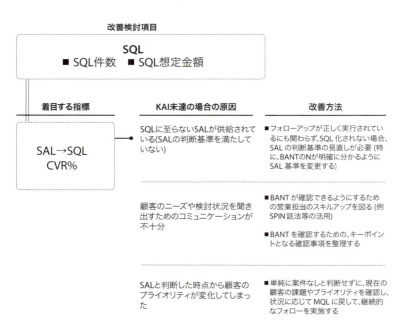

このように分析と掘り下げを繰り返していくと、そもそもマーケティング段階で獲得するリードであるMALが不足していた（⑤）という結論に至る場合も多い。

MALの分析についても、基本的な考え方はこれまでと同様だが、この領域はマーケティングチームの役割となる場合が多く、営業側にマーケティングに関する知識がないと双方のコミュニケーションが本質的な議論に至らないケースも散見される。

次項ではマーケティングチームと有効なディスカッションをするための参考情報として、マーケティング的観点からの分析・改善具体例を示していきたい。

4 MALの分析で考慮すべき内容

これまでの考え方と同様に、MALもいくつかの変数に分解することが可能だ。分解の切り口は場合によって異なるが、主に次の要素が挙げられる。

● リード獲得経路別（ウェブによる問い合わせ、資料ダウンロード、セミナー参加、展示会、ホワイトペーパー　など）
● 商品別
● 顧客セグメント別

分解の際は、単なる絶対数の比較だけでなく、セグメントごとのMQL化率やSAL化率などもあわせて比較する。どのセグメントが事業に大きなインパクトをもたらすか、どこがボトルネックになっているかを総合的に考えるようにする必要がある。

分解と考察を進めるうち、たとえばウェブからの問い合わせや資料ダウンロード等のインバウンドリードが不足していることがネックになっていると判明した場合、そのリード数をウェブへの訪問数が不足しているのか、ウェブへの訪問数は十分だが問い合わせや資料ダウンロードなどのインバウンドリード数につながるCVRが低いのかに分解し、さらに自然検索流入や広告流入などの流入経路種別、さらに広告キャンペーン別など、原因と改善アクションが明確になる粒度まで細分化しながら、伸びしろを探っていく。

図8 │ ウェブのインバウンドリードが不足している場合の原因と解決方針例

事 象	考えられる原因	改善方法
ウェブ広告の 獲得単価が高い	● 広告が適切なターゲットに届いていない ● 広告の表示回数が多すぎて効果が薄れている ● 競合が広告を強化している ● 広告文やクリエイティブの訴求がマッチしていない ● 遷移先のランディングページの訴求が広告とマッチしていない∨わかりにくい　　など	データを分析しネックを特定したうえで、ターゲットの設定変更や広告クリエイティブを変更。ランディングページのABテスト等の改善施策を行い検証する。
問い合わせフォームでの 離脱が多い	● フォームの項目が多すぎる ● 特定の項目の入力負荷や抵抗が大きい	● インサイドセールス、営業（フィールドセールス）、マーケティング担当者で協議し、優先度の低い項目を削除する ● フォーム内で、入力メリットや問い合わせ内容の例示、入力後の流れなどの説明を行い、心理的ハードルを下げる ● 資料ダウンロードなど、心理的ハードルの低い新たなコンバージョンポイントを設ける
ウェブのセッションが 少ない	● 検索ニーズの大きいキーワードでの検索順位が低い ● 広告出稿が不十分である	● 検索ニーズに応じたウェブコンテンツを充実させるなどのSEO対策を実施する ● 必要なリード数から逆算して広告予算を見直し、広告出稿を強化する

180　　8章　ファネルごとのKPIマネジメント

5 全体傾向を把握してから数値分析へ

本章を通じ、KPIについては段階的に分解していく流れを紹介してきたが、ここで1点注意したいのは、はじめから細かな数値に着目しすぎてしまわないということだ。まずは全体の傾向をざっくりつかみ、少しずつ段階的にブレイクダウンしていかなければ、要因分析と実態が乖離する危険性がある。

たとえばMAL不足の原因を、特定のキーワードの検索順位の変動や特定の広告のCPA（Cost Per Acquisition；コンバージョン1件当たりにかけたコスト）の変動など、細かな事象に結びつけて見ていたが、実は季節的なトレンドが大きく影響していたといったケースも多い。物事を細かく見るミクロ視点と、俯瞰して見るマクロ視点の両方が求められるだろう。

6 KPI・KAIは常に見直し続ける

なおここまでの解説では、あたかも簡単に分析できるように説明しているが、数値から一発でボトルネックを見極められるケースの方が少ない。多くの場合、営業や関係者へのヒアリングや、トレンドやマーケット環境まで含めて総合的に捉え、仮説ベースで考えていくことが求められるだろう。また、そもそもの目標設定が適切かどうかも、定期的に振り返ることを忘れてはならない。

ただし、数値を適切にカウントできていなければ、そもそもの議論を始めることもできない。まずは適切なKPI設定と、計測・可視化の土台を整えるところから始めること、また運用の中で指標を定期的に観察していくことが重要である。

本書では、リードのリサイクルの設定についての詳細は省略している。その理由は、導入時にリサイクルのフローを設計することは大事だが、そのリサイクルの分岐は、CVRとKPIとの相互補完にあるため、一義的に規定できないためである。

　市場規模は限られており、リソースを有効に活用するうえでも、リサイクルの設計も、KPI、KAIと同時並行で見直してもらいたい。

9章

営業デジタルシフトの
阻害要因と打開策

営業デジタルシフトは、導入がゴールではない。新たな取り組みを営業活動に浸透させ、狙い通りの成果を得られるように継続的な改善を要する。しかしそれが難しい。実際のところ、営業に限らず組織のDXに成功した国内企業は14%にとどまるというのが現実だ[※1]。

　そこで本章では、営業デジタルシフトに取り組む企業でしばしば聞かれる課題を6つの観点から取り上げ、それらを解決するためのポイントを解説する。変革に懐疑的な人や部署に対し、どうすれば協力を取り付けることが可能になるか、章全体を通して考えていきたい。

営業デジタルシフトで直面する課題

1　5つの課題

(ア) 組織間の連携

　7章でインサイドセールスの配置にはいくつかのパターンがあることを解説した。どのパターンにおいても、フィールドセールスやマーケティングとの連携が問われると同時に、役割分担の面で課題が生じやすい。

　たとえばマーケティング施策（イベント、ウェブページからの問い合わせ、メールからの問い合わせなど）により獲得したリードをインサイドセールスが引き受けるプロセスで、インサイドセールス側がリードの質が悪い、もしくは数が少ないという不満を持つ一方で、マーケティング側はインサイドセールスがリードを適切にフォローしてく

れないと考えがちである。

　もうひとつ、インサイドセールスの配置パターンによって生じる課題もある。営業部門にインサイドセールスを配置した場合、一見フィールドセールスのアシスタントのような構造に映るため、インサイドセールス単独の成果が見えにくくなる。マーケティング部門にインサイドセールスを配置するパターンでは、フィールドセールスに受け渡したリードを確実にフォローする体制を敷くのが難しい。

（イ）人材マネジメント

　営業デジタルシフトを進めるにあたり、多くの場合はインサイドセールス組織が新設されることになるため、今まで存在しなかった職種をマネジメントする人材が必要になる。

　また従来の営業のマネジメントは、業務の属人性が高かったこともあり個人へのアプローチが中心だった。しかし営業デジタルシフトでは、チームの連携を重視する。新たな営業プロセスに即した形で、マネジメントも変化させなければならない。

（ウ）プロセス

　営業デジタルシフトでは、マーケティング、インサイドセールス、フィールドセールスと複数の部署が、相互に関係性を持つようになる。ところが部署をまたぐ形で、質の高いリードを安定的に引き渡すとなると、そのプロセス構築が意外と難しい。組織間でのリードの受け渡しルールが存在していても、形骸化して個人の判断に左右されてしまったり、逆に厳格化しすぎてどの部署も対応していないリードが発生してしまったりする課題もある。

185

（エ）評価指標

評価指標は、マーケティングやインサイドセールスのKPIをリード数やパイプライン数など量的な視点から設定することが多い。

量の指標に重点を置きすぎると数を増やすことに注力するようになり、同じリードに何度も電話をかけたり、無理に商談を設定したりと強引な行動につながる可能性がある。このようなやり方で獲得したリードは総じて質が低く、そのまま下流工程に渡すと次のファネルでのCVRの低下につながりかねない。特にインサイドセールスでは、ヒアリング時間を削るなどリードの情報収集をおざなりにすることも考えられる。下流工程に限らずマーケティングに対しても有益な情報提供を行えなくなり、ひいてはマーケティング施策の質低下を引き起こす。結果的に、周りの部署からの信頼度が低下してしまうだろう。

何よりも、雑なアプローチを受けたリードの心象を考えれば、マイナスイメージのある会社からは、どんなに優れた商材でも買う気にはならないはずだ。特にBtoB商材では顧客の絶対数に限りがあることから、それぞれの顧客に丁寧に対応することが求められる。

（オ）目標設定

従来の営業手法では、部署ごとの利害に基づいてバラバラの目標を設定している企業が珍しくないが、これまでは深刻な問題とならない場合が多かった。しかし営業デジタルシフトによって各部署が営業プロセス上で一連の業務を共同で担うことになると、行動面での連携がうまくとれないなど、目標設定の不統一が課題として顕在化してしまう。

それぞれの課題は相互に影響し合い、ピンポイントに改善しよう

としてもほかのボトルネックが生まれてしまい、最終的に営業デジタルシフトを企業のカルチャーとして定着させるには至らない可能性が高い。とりわに特定の部署に営業デジタルシフト推進の役割を割り当てて課題解決を目指した場合、いたちごっこに陥りやすい。課題解決には全体最適を意識して、異なる部門が連携して対処することが必須といえよう。

2 6つめの課題——定着を左右するカルチャーの存在

そして営業デジタルシフトの推進に最も影響を与えるのが、組織カルチャーである。

たとえば、新たな営業プロセスやデータ管理ツールを導入しても部署内に浸透せず、使う人や実行する人が限られてしまう、もしくは最初のうちは目新しさに飛びつき熱心に取り組むが、すぐに効果が出ないと徐々にうやむやになってしまう事象が多く見られる。これらの背景には、前例踏襲をよしとする保守的な姿勢や、成果を急ぎ中長期的な視点は後回しにしがちな風土が大いに関係している。

これまで営業活動に従事してきた人たちの一部は、営業デジタルシフトによって新設されるインサイドセールスの意義や、業務プロセス刷新の必要性に対し、懐疑的なまなざしを向けることもあるだろう。そういった人々や部署を営業デジタルシフトの取り組みに巻き込んでいくには、理解に向けた努力や工夫が必要となる。

課題解決のカギ——「アジャイル」の発想

1 小さく始めて改善と拡大を繰り返す

　営業デジタルシフトは、部門横断的で大規模な取り組みとなる。はじめから完璧を目指そうとすると、設計や決裁に時間がかかったり、関係者を説得させるのに手がかかったり、あるいは軋轢が生じたりと、推進に相当なエネルギーが必要となる。そうなると変革は進まず、途中で頓挫しがちだ。

　そこで営業デジタルシフトでは、はじめは小さな規模で取り組み、短いタームで振り返りと改善、拡大を繰り返しながら徐々に完成に近づける方法を採用するのが望ましい。つまり、アジャイルの発想でデジタルシフトを進めていくのである。"俊敏な"という意味を持つアジャイル（Agile）とは、もともとソフトウェア開発から生まれた考え方だ。開発の方向性を明確にしながらも一度で完成させようとせず、短いスパンで計画と実行を繰り返し、徐々にスパイラルアップを図る方法である。

　SaaS（Software as a Service；主にインターネットを経由して必要なときに利用できるソフトウェアサービスのこと）に代表されるように、現在は市場に完成品だけが流通する時代ではなくなりつつある。むしろ完成半ばの状態でいったん市場に出し、ユーザーの反応を見ながらバージョンアップを繰り返すといった、エンドレスに開発が行われる商材が増えてきた。スマートフォンアプリなど、ダウンロー

ドしたときのバージョンで使い続けることは稀で、オンライン経由で頻繁に更新されているだろう。近年はアジャイルを組織運営に取り入れるところが増えていることもあり、すでにご存じの読者も多いのではないだろうか。

そして営業デジタルシフトにおいてもアジャイルな組織運営が、先述した課題解決のキーポイントとなる。マーケティング、インサイドセールス、フィールドセールスの合意のもと、営業プロセス構築の方針に一貫性を持たせつつ、具体的な運用は小さな組織でクイックに試していく。この方法が、営業デジタルシフトを企業カルチャーとして定着させるうえで、実現可能な道筋だと考える。そして本章全体の問いである、営業デジタルシフトの推進に懐疑的な人の協力を取りつけるにあたり、アジャイル型の運用の意義を理解してもらうことが重要になる。

2 アジャイル型組織のメリット

営業デジタルシフトをアジャイルに推進するには、組織編成もポイントになる。ここでは、各部署から1、2人ずつのメンバーにより構成された、部署横断型の「アジャイル型組織」の運用を提案したい。

従来の組織運営では新たな施策に踏み切る際、部署で一斉に取り組む場合がほとんどだっただろう。けれども組織の規模が大きいと、PDCAを回すにも時間がかかる。改善するにもスピードに欠け、変革の効果を実感しづらい。しかしアジャイル型組織では、部署間のネットワークの密度と機動力を高めながら、改善を繰り返すことが可能になる。営業デジタルシフトを進めるうえで不可欠な、部門間連携が円滑になるのが最大のメリットといえる。そして小規模かつ短期

的に施策を回すことにより、施策の有効性を確認したうえで成功する公算が大きいと判断したものを、より広く導入するというステップを踏むことが可能となる。

たとえば商材のバージョンアップを検討していたとして、その情報をリード獲得から成約までの各段階でどの程度盛り込むか、あるいは取得する顧客情報の影響などをいろんなパターンで試しながら、最も効果の高い施策やトークを見出し反映させるといったことが、スピード感をもって取り組める。特に市場や商材特性、顧客動向の変化の大きい分野で、アジャイル型組織は力を発揮する。

施策を小さなサイズで試してから本格導入する手法は、再現性や拡張性を着実に高めることができる。その代わり初期段階で得られる売上や収益は小規模で、実験的な要素も含むため失敗する施策も出てくるだろう。したがって将来的には十分リターンが得られると考え、失敗も許容する中長期的な姿勢が問われる。

3 アジャイル型組織のデメリット

アジャイル型組織は単位が小さくなる分、運営面でこれまでとは異なるケアが必要となる。

まずいえるのは、メンバーがそれぞれ違う役割を担っているため、個々の責任や影響力が大きくなる。そのため、短期スパンでアウトプットを出し続けることができるかどうかは、メンバーの主体性や自律性によって大きく左右されてしまう。またメンバー同士の距離が近いため、いったん歯車が噛み合わなくなると組織に混乱を招く場合がある。特に若手中心の組織では、特定の個人を集中攻撃したり大きな亀裂が生じたりするおそれもある。アジャイル型組織の運営では、

これまで以上に良好な人間関係を築くことを意識したい。

　加えて導入に際し、反発が生じ得ることも欠点として挙げられる。とりわけ営業デジタルシフトの推進に懐疑的な人たちは、不信感をおぼえる傾向にあるといえる。アジャイル型の組織や取り組みには、導入にあたっての明確なフレームワークやゴールが存在しないのがその理由である。最適な組織の形や運営方法は、商材やメンバー、課題などによりまちまちである。そのため一定の成果を上げ、企業内での地位を固めるまでには数年程度かかることも想定される。その間、アジャイル型組織の意義に疑問が呈されたとしても不思議ではない。

　実践段階ではこれまでの仕事のやり方を否定されたような感覚に陥り、従来の経験に基づく取り組みのほうが正しいと考える人が出てくるケースも散見される。特に前例を踏襲する風土が根づいている場合、中長期的に見れば将来リターンが見込めるとしても、一時的には失敗を認め新しい手法を取り入れるというのは、少なからず抵抗を感じるものである。

　そのためアジャイル型組織の運営には、参画メンバーの変革に向けた強い意志と経営層の理解が必須といえる。言い換えれば、営業デジタルシフトそのものを推進する取り組みと並行し、アジャイル型組織を周囲の反発を乗り越え継続させる覚悟と一定の時間をかけられる組織の体力が揃って、初めて取り組みが可能になる。

課題ごとの具体的な対応

1 5つの課題とその解決策

（ア）組織間連携の不満を解消する

 1節では、インサイドセールス組織の新設によって、フィールドセールスやマーケティングとの役割分担や連携で課題が生じることを説明した。

 まずリードに対する認識の行き違いは、リードを受け渡す側と受け取る側の評価の目線を揃えることで解決可能である。ただし、リードの評価項目（BANTの項目が聞けているかなど）を決めていても、組織間のコミュニケーションが不十分だと基準が形骸化し機能しなくなるため、前述の不満は解消されないため注意したい。

 インサイドセールスがフィールドセールスのアシスタントと化してしまう課題は、「営業はクロージングする立場の人間が強い」という認識によって生じる。新入社員がインサイドセールスに就いた場合などは、特にこの傾向が強まる。マーケティング部門にインサイドセールスを配置するパターンでは、フィールドセールスの間でマーケティングやインサイドセールスを営業とは別の活動と考える従来の認識が更新されにくい。そのため、リードのフォローを営業活動に組み入れてもらうには、そこからの成約事例を積極的に紹介するなど、フィールドセールスの認識の変革を図る必要がある。

これらの解決にはアジャイル型組織による、部署横断的な取り組みが有効である。その際、7章で解説した各部署の役割定義をよく確認してほしい。

（イ）人材マネジメントの変化に対応する

1節では、インサイドセールスをマネジメントする人材が必要になること、また個人中心のマネジメントからチーム内連携を重視したマネジメントへの変化を取り上げた。

まずインサイドセールスのマネジメント人材についていえば、インサイドセールスでの実務経験は必須の要件ではないことを指摘しておきたい。インサイドセールス実務の知識やスキルよりも、マネジャーとしての資質を持ち合わせていることのほうが重要となる。

これまで述べてきたように、インサイドセールスはとりわけ他部署との連携が重要となる。加えてマーケティングやメンバーがコンタクトを図るリードの状況は刻々と変化していくため、課題が常に生じる状況にある。これらの課題にいつもうまく対応できるとは限らず、他部署や他のメンバーと衝突する場合もあるだろう。そうした現場であることを踏まえると、部署の成果を上げながら、メンバーに向け仕事に携わることの価値や意義を伝え、難局を迎えても組織への貢献をあきらめない姿勢を培うことができる人こそが、インサイドセールスのマネジャーにふさわしい。

続いて各部署のマネジャーに共通して問われる資質が、新たな業務や組織を定着させることのできる力である。既存の枠組みで営業活動を行えていた（成功しているかどうかは別として）人たちにとって、営業デジタルシフトに伴う改革は受け入れ難い側面があるのは事実である。このため立ち上げ期には、組織的な反発も想定される。したがってマネジャーには、営業デジタルシフトに伴い適切な業務プロ

セスを設計できる緻密さに加え、社内の逆風に屈することなく粘り強く交渉し、経営層の理解を勝ち得て組織に変革を起こすことができる力強さが求められる。

1節には明示していないが、人材マネジメントの観点からインサイドセールスのトレーニングの重要性についても付け加えておきたい。

インサイドセールスで用いるコミュニケーションは比較的習得しやすいこともあり、アサインの時点で特別なスキルを必要としない。ただし初期トレーニングなしに現場に配置するのは考えものである。インターンや新卒の新入社員をいきなり実務に送り込んだ結果、顧客からのクレームや離職者の発生につながってしまったという声がしばしば聞かれる。

効果的なトレーニングプログラムを考えて実践しさえすれば、未経験者でも十分に成長を期待できるのはインサイドセールスのメリットでもある。もしインサイドセールスは導入しているがトレーニングを用意していないという企業があれば、ぜひ検討してほしい。

（ウ）リード受け渡しプロセスの安定化

プロセスに関しては、部署をまたぐ形で、質の高いリードを安定的に引き渡すことの難しさを取り上げた。

リードの質を担保するには、引き渡しの以前に、ナーチャリングプロセスに目を向けておきたい。実際の現場では、マーケティングとインサイドセールス、インサイドセールスとフィールドセールスの間で受け渡し可能なリードの条件が明確になっている場合でも、その段階に至るプロセスはほぼ属人化している事例が多い。これではメンバーレベルでの課題が見えにくくなり、改善策や必要なトレーニングを講じるのも難しい。リードに対する評価も人によりバラつきが生じ、いくら引き渡しの条件が明文化されていたとしても、質を

194　9章　営業デジタルシフトの阻害要因と打開策

担保できなくなってしまう。

　判断のバラつきを解消するには、業務で生じるアクションやリードから入手する情報を一度最小単位にまで分解し、商材や組織の特性に合わせて適切な粒度で評価項目として定義化する方法が挙げられる。

　例を挙げよう。BANT（Budget（予算）、Authority〈決裁権〉、Needs〈ニーズ〉、Timeframe〈購入時期〉）に基づきリードの購入意欲を探る場合、"B" の Budget（予算）であれば、購入に充てる予算だけでなく、企業や事業部、チーム全体にかける予算や、予算に対する商材価格の比率、前年度の予算と実際の収支、予算や決算のスケジュールなどがわかると、購入の可能性やその時期を予測する手がかりとなる。

　このように細かなリード情報を評価項目に設定すると同時に、リードから情報を得たタイミングと紐づけて各ファネルの中でもリードの状態を段階的に評価することで、次の部署に受け渡すリードの質を確保できる。マネジャーはメンバーごとに担当するリードの階層をウォッチし、適切なアプローチを行えているかを継続的に評価する役割を担う。

　ただし（エ）の評価指標にも関連するが、リード情報の細分化にこだわり評価項目を膨大に増やすことは避けたい。管理が煩雑になるだけでなく、マイクロマネジメントに偏り優秀なメンバーの能力発揮を阻害する要因になるからだ。他部署へ受け渡すリードの質の安定化に向け、部署内ではミクロとマクロの両方の視点から総合的にリードを評価することが問われる。

（エ）適切な評価指標の設定

　1節では各部署で設けるKPIが量の視点から設定されることによって受け渡すリードの質が悪化し、次工程のCVRや企業イメージの低下、組織内におけるインサイドセールスの信頼損失につながりかねない

ことを指摘した。

これらの課題はアジャイル型組織のもとで、適切なKPI設定を模索することを通じて解決を目指せる。部門横断的に目的別で集められた小規模な組織であれば、単純にリード数を稼ぐようなKPI設定ではなく、最終的に設定されている売上などの目標を達成するために、マーケティングやインサイドセールスなどの役割がどのように機能し、リードナーチャリングを行うのかを考慮してKPIを検討することになるだろう。

それにアジャイル型組織の強みである短期間でPDCAを回せる点を活かせば、短いサイクルでKPIを見直すことも可能となる。たとえば、展示会に出展したときと自社でセミナーを開催したときとでは、直後に得られるリードの量や質には違いが見られる。当然ながらインサイドセールスのコール数も、セールスに受け渡すことのできるリードの割合も変わってくるだろう。アジャイル型組織ではそうした状況に鑑みながら、都度KPIを設定し直せる。最初のうちは失敗もあるだろうが、組織の規模が小さい分、損害も小さく済むことから、前例のない取り組みにも挑戦しやすい。

組織の規模が大きく、機能別で縦割りにされている場合には、定量的な観点からKPIを設定するほうが管理や評価をしやすいのは間違いない。その反面、量の追求が質的な観点を軽視させることで、社内外に対し悪影響を及ぼすリスクを抱える。定性的な性質を持つKPIを取り入れることは不可欠であり、その評価や管理のしやすさを踏まえると、小回りの利く小さな組織の運用をおすすめしたい。

（オ）連携を意識した目標設定

1節では営業デジタルシフトを進める際、従来通りにそれぞれの部署が他部署を考慮しないで目標を設定してしまうと、業務の連携がうまくとれないなどの問題が顕在化しやすいことを取り上げた。

この解決のためには、営業利益を上げて事業貢献することを部署共通の目標と考えて、フィールドセールスだけでなくインサイドセールスやマーケティングも売上を最終的なゴールに据える必要がある。加えて、他部署との連携を意識したうえで、部署ごとの活動に沿った目標を並置してもよいだろう。たとえば、インサイドセールスやマーケティングは下流工程に渡すリードの量や質、フィールドセールスはリードのフォロー状況を目標に含めることもできる。その後、部署間での連携が成熟してきたら、各部署の目標全体に占める売上目標の比率を増やしていき、どの部署も事業貢献を重視した目標設定とすることが望ましい。

　ただし、これらは部署レベルでの話で、個人目標はより各部署の活動に比重を置いて設定してもよいだろう。

　こうした目標設定の具体的なプロセスは第3章の事業戦略立案の際のアライメントと重複するため割愛するが、アジャイル型組織で先行導入し、問題点を精査しブラッシュアップを図ったうえで全体展開する方法も考えられる。従来の目標設定では重視されてこなかった、部門間の緊密な連携に対するハードルを下げると同時に、新たな取り組みへの反発の抑制にもつながるだろう。

2 カルチャーの課題解決に向けて

　最後に最大の課題でもある、企業のカルチャーとしての営業デジタルシフトの定着について解決策を考えてみたい。

　まず大きな枠組みとして、新しい業務プロセスやツール活用のルールを、関連する部署間で合意した形で制定し、それらを業績評価にも適切に組み込むことで解決を目指す。アジャイル型組織では新ルー

ルや評価の試験的な導入や検証が可能なので、その取り組みを全体展開への足掛かりとするのがよいだろう。

　個別の課題との関連を考えるにあたり、新ルールの部署間合意については3節（ア）組織間の連携、（イ）人材マネジメント、（オ）目標設定を中心に、業績評価への組み込みについては（ア）から（オ）まで全般的に、それぞれの課題と解決策が参考になる。

　さらに、営業デジタルシフトの実現には、現場の社員の意識改革と主体性の発揮が欠かせないことを強調しておきたい。

　意識改革については、従来のやり方を正しく安全だと考えるのは、短期的視点では正しいかもしれない。しかし、デジタルを活用した部署横断的な営業プロセスが軌道に乗れば、商談の再現性や拡張性が高まり、長期的な視点では大きなメリットが得られる公算が大きい。だが一人ひとりが自部署本位の発想から脱却できなければ、成果の最大化は困難である。推進に関わるマネジャーなどが中心となり、粘り強く説得を試みることが求められる。

　そして主体性の発揮は、商材が市場や個別の顧客に提供する価値や、自社がこの事業に取り組む理由、会社が社会に存在する意義と、自身の業務が顧客や社会に及ぼす影響のそれぞれが、一本の軸で貫かれたときに初めて成しうる。特に自分の仕事の意義が明確になることで、どうすれば組織に貢献できるのか想像力をめぐらせ、自発的に行動する姿勢も生じるはずだ。必要に応じ、自身にとっての仕事の意義を根本から考える時間や機会を設けることも有効だろう。

　変革の意義を社員それぞれが理解して、新たな業務プロセスの実践を可能にする仕組みが整備されていること。これらは営業デジタルシフトをカルチャーとして定着させるために不可欠だといえる。

※1　ボストン コンサルティング グループ「デジタルトランスフォーメーション（DX）に
　　関する調査結果」（2020）
　　https://www.bcg.com/ja-jp/press/28october2020/14-percent-japanese-companies-
　　succeeded-digital-transformation-comprehensive-strategy

10章

営業が知っておくべき
マーケティングの基礎知識

営業デジタルシフトでは、マーケティングチームと営業の連携が欠かせない。このため営業担当者も、どのような過程を通じリードが生まれるのか、またマーケティング担当者がどのような考え方で施策を講じているのか、背景を理解しておくことが重要となる。本章ではBtoBビジネスにおける、デジタルマーケティングの全体像をまとめた。相手の仕事を知ったうえで交わされる議論は、有益な情報共有やフィードバックにもつながる。シナジーを生み出す関係を築くうえでも、マーケティングの基礎知識は押さえておきたい。

01 デマンドジェネレーションとマーケティング

1 本章におけるデジタルマーケティングの範囲

アメリカマーケティング協会(American Marketing Association)では、マーケティングを「顧客、依頼人、パートナー、社会全体にとって価値のある提供物を創造・伝達・配達・交換するための活動や一連の制度、プロセス」と定義している[※1]。マーケティングの及ぶ領域は、市場リサーチやブランディング、セールス含む販売活動全般、そして商品やサービスの開発や価格設定まで非常に広範であることがわかる。

だが本章ではこの本の性質に鑑み、BtoBマーケティング活動の一機能である「デマンドジェネレーション(案件創出)」に絞って解説する。BtoB事業を営む企業が設置するマーケティングチームの多くが、デマンドジェネレーションをミッションの中核としており、かつ営業チー

ムとの連携が重要な機能であることがその理由である。

またデマンドジェネレーションの一連の活動において、ウェブやメール、マーケティングオートメーションツールなどのデジタルテクノロジーが関わるものを、本章におけるデジタルマーケティングの範囲とする。本来デジタルマーケティングの示す範囲も、解釈次第ではもっと広く捉えることができる。だが本書ではわかりやすさを優先し、ポイントを絞って述べる。

2 デマンドジェネレーションの全体像

デマンドジェネレーションとは、マーケティングが中心となって行う案件創出の活動全般を指し、リードジェネレーション（見込み顧客の獲得）、リードナーチャリング（見込み顧客の育成）、リードクオリフィケーション（見込み顧客の絞り込み）の3要素からなる。

図9 デマンドジェネレーションの全体像（一例）

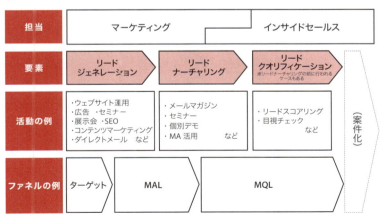

（ア）リードジェネレーション（見込み顧客の獲得）

ウェブサイト経由での問い合わせや資料請求、資料（ホワイトペーパー）のダウンロードやメールマガジン登録、セミナーの集客や展示会での名刺交換などを通じて、リード（見込み顧客）の氏名、メールアドレス、企業名などの個人情報を新規に獲得する取り組み。ここがマーケティングチームのメインの役割とされている場合も多い。

（イ）リードナーチャリング（見込み顧客の育成）

案件化につながるほど購買意欲の高くないリードに対し、購買に向けた関心を高める、またはニーズが生まれたときに想起してもらうための取り組みの総称を指す。

メールマガジンやセミナー、ウェブコンテンツ、インサイドセールスによるコールなど、さまざまな手法を組み合わせた継続的なコミュニケーションがポイントとなる。

マーケティングチームだけで完結せず、インサイドセールスやフィールドセールスと共同で進めていくケースもある。

（ウ）リードクオリフィケーション（見込み顧客の絞り込み）

リードのリストから、案件化の可能性高いリードを絞り込んでいく工程をいう。

業界や企業規模などの企業属性、部署や役職などの顧客個人の属性、ウェブの閲覧やメールの開封、セミナー参加などの行動履歴、インサイドセールスによるヒアリング内容など、さまざまな情報を組み合わせて購買見込みの高い顧客の当たりをつけていくことがポイントとなる。

> **営業担当が確認すべきポイント**
>
> BtoB商材でマーケティングを担うチームやメンバーは、（ア）〜（ウ）のいずれかまたはすべての役割を担っている場合が多い。自社のマーケティングチームでは、これらのうちどのような役割を担っているかの確認から始めたい。

3 デマンドジェネレーションにおけるマーケティング業務の流れ

　マーケティングの現場では、デマンドジェネレーションがどのように進められているのか。一例として、次のような業務手順が挙げられる。

（手順1）デマンドジェネレーション戦略の策定

　ここで言う「戦略」とは、どのような対象に、どれだけのコストとリソースを割いて、どのようなコミュニケーション手段で、対象にどのような態度変容を起こさせるかといった、全体像を描く工程と理解してほしい。

　必要に応じてペルソナ（施策対象者の具体像のこと）の設定やカスタマージャーニー（商材の認知から購買までに起こる、対象者の思考や行動、感情の変化のプロセスのこと）の作成など、対象となる層の解像度を高める作業を行う場合もある。

　後述する各種施策の優先順位づけや、予算などリソースの配分検討も戦略策定の重要なタスクである。

（手順２）必要な施策やコンテンツの企画

　戦略の全体フレームを描いたら、その実現に向けた具体的な施策やコンテンツを企画する。対象が必要とする興味や関心の高い情報を切り口に、商材に関心を寄せるようになるまでのシナリオを想定し、効果的なコミュニケーション手法（オウンドメディアや記事広告などのウェブコンテンツやダウンロード資料、セミナーやメールなど）の選択と同時にコンテンツを具体化しつつ、顧客に届けるためのプロモーション戦略を検討する。

（手順３）データ取得と計測に向けた準備とKPIの設定

　対象層や施策評価に関するデータ項目の洗い出し、さらにデータの取得と計測を適切に行えるようシステムの整備を行う。同時に施策評価のためのKPI設定を行う。

（手順４）施策の実行

　企画したコンテンツを作成し、施策を実行する。具体的には次のような業務が挙げられる。

- ●コンテンツの制作・発注
- ●広告クリエイティブの制作と運用
- ●ウェブサイトやLP（Landing Page；ランディングページ）の制作・発注・運用
- ●セミナーの企画と運営
- ●メールマガジンの作成と送信
- ●マーケティングオートメーションツールの設定と、それを用いたシナリオメールや通知設定等の実行　など

施策によっては社内のクリエイティブチームや代理店、パートナー企業と進めることになる。このため社内外との調整やコミュニケーション、ディレクションに多大な工数を割く場合も多い。

（手順5）分析と振り返り

　KPIの進捗状況の確認や取得したデータの分析結果から、施策の評価と振り返りを行い、次の方針を定める。

　マーケティング活動を通じて得られるデータはMAやSFAに集積されるもののほか、グーグルアナリティクスなどのウェブ解析ツール経由で得られるもの、グーグル広告などのウェブ広告管理ツールから得られるものなど多岐にわたる。それぞれのデータがバラバラに存在し、取り扱いに苦労するケースも多い。

　ここで紹介した手順は一例だが、これだけ多様な業務を少人数で回しているところも少なくない。会社によっては、営業担当者がマーケティングに携わっていることもあるだろう。

営業担当が確認すべきポイント

　実際、顧客像を深く理解している営業担当者が、マーケティング業務に協力することで、施策の質が高まるケースも多い。特に戦略策定の段階で、営業担当者から受ける顧客理解やターゲティングにまつわるフィードバックは貴重である。自身の現場ではマーケティングチームと営業の間で、デマンドジェネレーション戦略についてディスカッションできているかどうか振り返ってみてほしい。

4 デマンドジェネレーションにおけるデジタル施策の全体像

　デマンドジェネレーションのためのマーケティング施策とはどのようなものなのか。ここでは代表的なデジタル施策を紹介する。

　なお営業担当者がマーケティング担当と有益な議論ができるようつかんでおくべきは、施策の概要と原則である。詳細まで把握する必要はないし、テクニック面のトレンドや有効性は常に変化するのでマーケティング担当に任せるのが無難だ。むしろマーケティング担当が施策の質を高められるように、深い顧客理解に基づく意見や助言が営業の担う役割である。

　図10に、BtoBでのデマンドジェネレーションに用いる代表的なデジタル施策の全体像を示した。これがすべてではないが、現時点で多

図10 | BtoBデジタルマーケティングにおける代表的な施策例

リードジェネレーション	リードナーチャリング・リードクオリフィケーション
ウェブサイト・LPの運用と改善 ・コンテンツの企画と作成 ・コンバージョンポイントの設計 ・CVRの改善　　　　　　　　など **ウェブ広告** ・リスティング広告 ・SNS広告 ・ディスプレイ広告　　　　　など **セミナー・ウェブセミナー** **SEO** **ソーシャルメディアの活用** **他メディアの活用**	**メールマーケティング** **セミナー** **MA活用** 　例) リードスコアリング 　　　ステップメール　　　　など

206　10章　営業が知っておくべきマーケティングの基礎知識

くの企業が採用し、成果につなげているものを取り上げている。なお当然であるが、特定の企業や事業で成果を上げた施策が、別の企業や事業でも同様の成果につながるとは限らないことには注意してほしい。

　以後、それぞれの施策の概要と、マーケティングチームとの連携の上で営業担当として押さえるべきポイントを説明する。

リードジェネレーション①
——ウェブサイト・LP

1 ウェブサイト改善の重要性

　ウェブサイトは最も身近なマーケティング媒体のひとつである。問い合わせや資料のダウンロードなど、ウェブサイトをメインのリード獲得経路としている企業も多いだろう。

　1章で顧客の購買活動における情報収集手段が、営業への問い合わせより前にウェブ検索を行うのが一般的になっていることを取り上げた。このことは、自社のウェブサイトへの誘導経路や提示するコンテンツの納得感や信頼感が、顧客と接点を持つうえで非常に重要であることを示している。もし戦略を誤れば、リードを獲得する以前に競合に逃げられてしまう。このため多くのデジタルマーケターは、ウェブサイトへの訪問数を増やすこと、そしてサイト訪問者からいかにしてリードを獲得するかに、常に頭を悩ませている。

　ウェブ集客やリード獲得につなげる手法はいくつか挙げられるが、何よりコンテンツの存在が大前提となる。

2 ウェブコンテンツの企画と作成

ウェブコンテンツは、デジタル上で顧客とのコミュニケーションを図る中核となる。サイトを訪れた人が商材の理解を深めるのと並行して信頼度を高め、自社と接点を持ちたくなるようなコンテンツを用意することが求められる。顕在化されたニーズに応えるだけでなく、潜在顧客を集めるコンテンツも意識したい。

〈**BtoB ビジネスのウェブサイトにおける代表的なコンテンツ例**〉

・製品やサービスの特長
・機能紹介
・活用方法
・導入事例
・よくある質問
・価格・プラン

・問い合わせフォーム
・商材に関連するノウハウや情報を提供するブログやオウンドメディア
・資料（パンフレットやホワイトペーパーなどの）ダウンロードページ

など

良質なコンテンツの存在は、後述するSEOや広告などの効果の向上にもつながる。

ウェブサイトが「24時間働いてくれる営業担当」だと捉えるならば、ウェブコンテンツは「営業担当の営業トークや提示資料」ともいえるだろう。

> ### 営業担当が確認すべきポイント
>
> 今の自社のウェブサイトに記載されている内容と、自身の営業活動で顧客にコミュニケーションしている内容に一貫性があり、補完関係になっているか確認してみよう。
>
> マーケティングチームと「こんなウェブコンテンツがあると、リードに送ることができてコミュニケーションがしやすい」「この機能説明は、こうした方が伝わりやすいのではないか」などのフィードバックを含め、積極的な議論を交わせるとよい。
>
> 顧客の導入事例などは、成果貢献度の大きなコンテンツである。営業担当が取材準備に積極的に協力しコンテンツを量産できるようになると、マーケティング担当が非常に助かるだけでなく、コンテンツを用いたコンタクトの幅も広がり、中長期的な売り上げ向上にもつながっていくはずだ。

3 ウェブのコンバージョンポイントの設計

ウェブサイト経由でのリード獲得数を増やすには、「コンバージョンポイント」の設計がカギとなる。コンバージョン（Conversion）とはサイト訪問者が運用側の狙いとするアクションを起こすことであり、サイト内にあるアクションさせる地点のことをコンバージョンポイントという。リード獲得を狙った主なコンバージョンポイントには、問い合わせや資料ダウンロード、デモの申し込みなど、個人情報をフォームなどに入力する個所が挙げられる。

コンバージョンポイントは、サイト訪問者の商材に対する関心度合いのレベルに応じて複数設ける場合もある。たとえば問い合わせ

フォームは、商材への関心がある程度高く、直接話を聞いてみたいという層なら入力するかもしれないが、そこまでに至っていない層にとってはかなりハードルが高いものになる。そこで商材資料のダウンロードやトライアルの申し込み、商材に関連する分野のホワイトペーパーのダウンロードページなど、問い合わせよりも若干ハードルの低いコンバージョンポイントを設定することで、商材に少し関心のある層や特定のテーマが気になる層もリードに取り込めるようになる。

　リードの獲得数に課題があるという場合は、ハードルの低いコンバージョンポイントを新設すると、インパクトの大きな改善につながる場合がある。逆にあえてハードルの高いコンバージョンポイントを厳選し、見込みの低いリードが入ってこないようにするというのも戦略次第ではあり得る。

営業担当が確認すべきポイント

　コンバージョンポイントの新設にあたっては、コンバージョンポイント別のフォーム設計やリードデータの振り分け設定、セールスの対応オペレーションの変更などが発生し、マーケティング単体では完結しない事案が発生する場合も多い。特にオペレーション設計の部分は、営業担当とマーケティング担当で協力しながら検討することが望まれる。

　またコンバージョンポイントごとに、獲得したリードの特徴やフィットする商談の傾向は変わってくるはずである。これらの評価とフィードバックも、マーケティング担当者と適宜協議できるようにするとよいだろう。

210　10章　営業が知っておくべきマーケティングの基礎知識

4 CVR（コンバージョンレート）の改善

　ウェブサイトに集客できるようになっても訪問者がコンバージョンしないのならば、穴の開いたバケツに水を注ぐような状況であり非常にもったいない。確かにサイトの認知や興味関心の促進が目的ならば、それでも構わないかもしれない。だがデマンドジェネレーションが目的ならば、コンバージョンの追求はマストである。

　そのためマーケティングは、ウェブサイトのCVR（コンバージョンレート；サイト訪問数に対しコンバージョンに達した数の割合をパーセントで示したもの。一般に、コンバージョン数÷ウェブサイト訪問数×100　で計算する）を注視し、その改善を図る。

　CVRの改善にはさまざまな方法がある。コンテンツの充実やコンバージョンポイントの設計も、訪問者をコンバージョンさせたくなるように導いたり、コンバージョンのハードルをなるべく下げたりといった点で、重要な施策といえる。

　サイトを快適に閲覧できるようにする工夫も、CVR改善につながる。具体的には、次のようなものが挙げられる。

●見やすいデザインへの変更
●表示速度の高速化
●EFO（Entry Form Optimization；エントリーフォーム最適化）
●キャッチコピーやCTA（Call To Action）の改善

　EFOとは問い合わせや資料ダウンロード時に個人情報を入力するフォームを、ユーザーが短時間で手間なく入力できるように最適化するしかけのこと。入力項目の削減、自動入力等の入力補助機能の

使用、フォームのデザイン改善、情報登録によるメリットを伝える文言の記載などの方法がある。

また、CTAとはユーザーに行動を喚起させる文言やボタンなどを指す。「問い合わせ」ボタンひとつとっても、大きさや形状、色味や配置次第でクリック数は変化する。キャッチコピーと合わせ、入念に検討と改善を重ねる。コンテンツやUIを変更した複数のパターンを同時配信し、CVRなどの成果貢献度をそれぞれ測定する「ABテスト」を採用し、パターンごとに効果を検証する場合もある。なおABテストはグーグルオプティマイズなどの専用ツールを用いることで、比較的少ない工数で実施できる。

営業担当が確認すべきポイント

　ウェブサイトの改善施策はさまざまな手法や組み合わせが考えられ、セオリー上正しいうのでも必ずしも結果に結びつくとは限らないのが難しいところである。営業はデジタルマーケティングの専門的な知見を持ち合わせていない分、ユーザーと近い感覚でウェブサイトを評価できる。マーケティングの考えを尊重したうえで、サイトのデザインから受ける印象や、使いやすさ、わかりやすさなどの感想を伝えると、改善のヒントとなる。

リードジェネレーション②
——セミナー・ウェブセミナー

　セミナーやイベントは、重要なリード獲得施策として古くから行われてきた。近年は新型コロナウイルス感染症の影響もあり、オンラインイベントに切り替えるなど急速なデジタル化が進んでいる。ウェブセミナーはZOOMなどのオンライン配信ツールを使って比較的手軽に行えることから、多くの企業が力を入れるようになり、競争が激しくなっている。セミナーテーマを洗練させ、質を高める重要性が増しているといえる。

　セミナーは獲得したい顧客像、および起こしたい態度変容に合わせてテーマや内容を調整できるため、うまく活用することでリード獲得やナーチャリング（くわしくは後述）に役立てることができる。

　一方で企画から登壇者の調整、配信環境の整備や集客施策の実施、参加者の管理や問い合わせ対応など、多様な工程が発生する施策でもある。マーケティングチームのリソースが、これらのオペレーションにかなり割かれているケースも存在する。

　また、それなりのリソースを投入して準備してきたセミナーでも、集客が全然できずに終わってしまったり、集客できたもののターゲット顧客の含有率が低く、結局案件化につながらなかったりなど、うまくいかない場合もある。

　ある程度当たり外れがあるものと理解しつつ、なるべく成功率を高めるためには、企画段階での入念な検討を心がけたい。

営業担当が確認すべきポイント

　リード獲得を目的としたセミナーの場合、ターゲットや取り上げるテーマは、商材の顧客層に見合うようにするべきである。どのような層を顧客にしたいのか、その層が求めている情報とは何かをマーケティング担当と営業で議論できると、セミナーを通じ将来的に受注につながるリードを発掘しやすくなる。同時にセミナー参加者に対し、開催後にどのようなアプローチをしていくかについても、あらかじめ協議しておきたい。

　（アプローチ方針の例）事後アンケートを実施し、商材への興味関心を示した参加者にはセミナー直後に架電し、打ち合わせを打診する。それ以外の参加者には、別途ナーチャリング目的のセミナーを案内するとともに、継続的にメールマガジンを配信するなど接点を保つ。

04　リードジェネレーション③——デジタル集客施策

　ここまではウェブサイトやセミナーなど、顧客の「受け皿」となるコンテンツを中心に述べてきた。続いて受け皿に顧客を呼ぶ集客施策について、代表的なものを説明する。

1 ウェブ広告の特徴

　ウェブ広告はグーグルなどの検索エンジンや、さまざまなウェブサイト、ソーシャルメディア上に表示される広告全般をさす。広告自体にもいろんな種類があるが、共通して次の特徴がある。

（特長１）ターゲティングしやすい

　媒体によって粒度や精度は異なるが、地域・年齢・性別などの属性情報や興味関心、行動などによって広告を表示させるユーザーを調整できる。見てほしい人に絞って広告を届けやすく、非ターゲット層への配信のような無駄な広告を抑えられる。

（特長２）効果をすぐに確認しやすい

　ウェブ広告は、広告の表示回数、クリック数、コンバージョン数などの指標をほぼ即時に確認できる。TVや新聞などのオフライン広告と比較し、出稿後の効果をすぐに把握しやすい。

（特長３）調整しやすい

　広告の種類にもよるが、出稿後の反応を受けて配信予算やターゲティング、クリエイティブ（バナー画像や広告文など）を柔軟に調整することができる。

　広告の効果測定と並行して、そのつど調整をかけていくことが、ウェブ広告の成功のポイントでもあり、工数のかかるところでもある。

215

2 代表的なウェブ広告

多種多様なウェブ広告の中でも、よく採用されるリスティング広告（検索連動型広告）、SNS広告（特にフェイスブック広告）について概要を説明する。

（ア）リスティング広告（検索連動型広告）

グーグルやヤフーをはじめとする検索エンジンで、検索結果画面の上部などにある広告枠に表示される検索連動型の広告をいう（厳密には検索結果に表示される以外のディスプレイ広告型のものも含まれるが、一般にはリスティング広告というと、検索連動型広告を指す場合が多いようである。よって、ここでは検索連動型広告について述べる）。

ユーザーが入力した検索ワードに関連させる形で広告を表示できるため、能動的に情報収集している潜在顧客を獲得しやすい。またユーザーが広告をクリックしたときに、初めて課金される方式が一般的なため、無駄な広告費が発生しにくい。

運用のコツやテクニックは実に多様に存在するが、媒体（特にグーグル）の進化に伴い、配信する広告の配分などの最適化作業は、どんどん自動化されるようになってきている。

一方で、ターゲットに刺さる広告文を考えたり、そもそもどんな対象を狙っていくかを考えたりする部分はまだ人間が行う領域である。潜在的な顧客が今考えていることや抱えている悩みなどに徹底的に寄り添い、相手に深く響くメッセージを打ち出すという、広告の原則にあたる部分での人の果たす役割の重要性が相対的に高まっているといえる。

（イ）SNS広告

　フェイスブックやツイッター、インスタグラムなどのSNSにおいて、フィードやタイムライン上などに設けられた枠に表示される広告をさす。ここではBtoB領域でも成果につながりやすく、よく利用されているフェイスブック広告について述べる。

　1つめの特徴は、多くのユーザーと接点が持てることだ。フェイスブックは2020年の時点で、世界で約28億人、国内では2600万人以上が利用しているといわれる[※2]。それら多数のユーザーと接点を持てるポテンシャルの高さが魅力のひとつである。

　2つめの特徴はターゲティング精度が高いことである。フェイスブックは実名での利用を原則としているため、性別や年齢、所属企業などの属性情報を用いて高い精度で対象を絞り込むことができるほか、投稿に対するアクティビティ（「いいね」「シェア」など）を行った層など商材に興味や関心のある人たちへの発信が可能である。

　さらに特定のオーディエンス（ユーザー群）と似た特徴を持つ「類似オーディエンス」をターゲットとすることもできる。すでにコンバージョンしている顧客や優良顧客と「似た傾向を持つ人」をフェイスブックが自動的に選別し、その層に向けた広告配信ができるため、新たな優良顧客と出会える可能性が高い。

　これらの特徴から、より見てほしい人に広告を届けやすいプラットフォームとなっている。

　3つめの特徴は、さまざまなフォーマットで広告を配信できることだ。画像とテキストの組み合わせといった基本的な形式に加え、動画やカルーセル（複数の画像を横スクロールで見せる）、スライドショーなど、さまざまな表示フォーマットを選択できる。

フェイスブック広告についても、リスティング広告と同様、細かな配信作業や最適化は自動化されつつある。一方で、やはり自動化できない広告バナーや広告文などのクリエイティブの作成や改善など、人間がやるべき領域の重要性は相対的に高まっており、クリエイティブ面で頭を悩ませているマーケティング担当者は多い。

営業担当が確認すべきポイント

広告配信の細かな運用はマーケティング担当者や代理店に任せればよいが、出稿した広告のメッセージやクリエイティブ、および広告由来で獲得したリードの質については営業目線からのフィードバックが有益になる。

マーケティング担当や代理店は、目先のコンバージョンやCPA（Cost per Acquisition＝コンバージョン獲得にかかる単価）の改善に気を取られ、獲得したリードの質やその後の商談化まで気が回っていないケースもある。

顧客目線で広告を検討することで、より質の良いリード獲得につながり、営業活動にも良い影響を与えるだろう。

---

3 SEO（Search Engine Optimization）

（ア）SEOとは

SEO（Search Engine Optimization；検索エンジン最適化）とは、グーグルやヤフーなどポータルサイトでの検索結果からウェブサイトへのターゲット顧客の流入を最大化させるための一連の取り組みを指す。

ふつう広告枠を除いた通常の検索結果（オーガニック検索）からの集客を対象とし、ターゲットが検索に用いるさまざまなキーワードについて、できるだけ検索結果の上位に自社のウェブサイトを表示させることを目指すのが主な取り組みとなる。

　リスティング広告と同様、能動的に情報収集しているユーザーを集客できるため、重点的に対策する検索ワードの選択次第で見込みの高いリード獲得を実現することができる。

（イ）最重要のSEO対策はコンテンツの中身

　グーグルに代表される検索エンジンは、その検索結果に表示させるウェブページの選定、および検索順位づけにおいて、独自の複雑なアルゴリズムを用いている。理論上はアルゴリズムの条件に適ったページが検索上位に表示される仕組みである。

　検索順位を上げるために、アルゴリズムの裏をかくようなSEO手法が一時期流行したが、そのようなやり方による成功率はいまやかなり低いと考えた方が良いだろう。むしろ成果が上がらないばかりか、悪質なSEO対策をしているページだと検索エンジンに検知され、検索順位が大幅に下がるなど、逆効果になってしまうことも有り得る。

　変にアルゴリズムをハックしようとしたり、裏技的なことを仕掛けたりするのではなく、グーグルが推奨する「ユーザーの利便性を最優先に考慮してページを作成する」[3]ことが今のSEOにおける成果への近道といえる。

　特にBtoB商材のウェブサイトのように、コンテンツの種類やページ数も限られている場合、検索を行うターゲットユーザーのニーズに応えるコンテンツを発信することが、SEOにおける取り組みの大部分を占めると考えてよいだろう。

（ウ）BtoB商材におけるSEOの取り組み例

　代表的な取り組みのひとつに、自社ウェブサイトの内外にブログメディアなどを設け、"ターゲットユーザーが検索するであろうキーワード"に応える内容の記事を掲載する方法が挙げられる。

　成果を上げるには、「ターゲットユーザーがどのようなキーワードで検索をするか」「そのキーワードで検索する人が欲しい情報とは何か」を考え抜くことがポイントとなる。またすでにウェブ上に存在する競合コンテンツよりも質（ユーザーにとっての利便性や満足度など）が高い、あるいはそれらと異なる独自性のあるコンテンツをていねいにつくり込んでいくことが重要だ。良質なコンテンツを生み出していくことで検索エンジンからの評価が高まり、検索経由での自社サイトへの流入増加につながっていく。

　なおSEOによりうまく集客できても、リード獲得まで至らないケースも散見される。2節で述べた「コンバージョンポイントの設計」や「CVR改善」などの施策とも連動させて考えていく必要がある。

（エ）SEO対策に欠かせない中長期的目線

　SEOは広告とは異なり、遅効性の施策である。コンテンツをひとつふたつ立ち上げたところで、すぐに大きな成果につながることは少ない。さまざまな検索ニーズに対応する記事を少しずつ増やしながら、繰り返しコンテンツを磨いていくことで、中長期的に投資対効果を回収していく取り組みである。ちなみに必要となるコンテンツ量は、サイトや商材によってまちまちである。数記事のコンテンツで成果を上げているサイトもあれば、数百記事を作成して初めて投資対効果が見込めるケースもある。

　即効性はないが、一度検索流入を集められるようになれば、追加投

資をしなくても継続して集客に貢献する資産となってくれる。焦らず、中長期目線での取り組みが必要な施策といえる。

4 ソーシャルメディアやその他メディアの活用

　自社とターゲットのウェブ上での接点は自社サイトや広告だけには限らず、各種 SNS や PR 媒体、業界関連サイトなど、他のメディアを活用していく選択肢もある。

　大事なのは、自社のターゲットは普段どのようなメディアを見ており、どのような情報を集めているのかについて、調査と並行しながら仮説を立て、適切なメディアを選択していくことである。マンパワーやコストなどリソースが許す範囲でさまざまなメディアに露出し、最適なメディアを探っていくことも、マーケティングの重要な仕事のひとつとなる。

> **営業担当が確認すべきポイント**
>
> 　解説のとおり、「ターゲットユーザーのニーズに応える良質なコンテンツ」が SEO の最も重要な要素となる。リードは何を知りたがっているか（どのような情報を集めているか）、有益な情報を届けるにはどうすればいいかなどを、SEO 担当者と議論できるとよいだろう。営業担当が記事執筆などのコンテンツ作成に携わり、成果を上げている企業もあるので参考にしたい。

メールマーケティング

　ここからは、リードジェネレーションにより獲得したリードに向け、態度変容を起こさせて購買意欲を高めていくリードナーチャリングと案件化の可能性が高いリードを絞り込んでいくリードクオリフィケーションの過程で行われているデジタルマーケティングの代表的な施策を取り上げる。

　BtoBマーケティングでは、メールは依然として重要なツールである。この項ではメールを用いたマーケティング施策を、まとめてメールマーケティングと呼ぶことにする。

> **営業担当が確認すべきポイント**
>
> 　接客を通じて、リードから普段どのようなメディアや情報をチェックしているかなどの情報を入手できたら、ぜひマーケティングや広報と共有しよう。
> 　商材によっては、ニッチな業界メディアを通じたマーケティング活動が大きな成果につながるケースもある。そういった場を発掘できれば強いだろう。なおニッチな発信の場を、オウンドメディアやコミュニティなどの形で自らつくり出すという方法も考えられる。

1 メールマーケティングの機能

BtoBマーケティングにおけるメールの機能は、大きく次の（ア）〜（ウ）に集約される。

（ア）顧客と継続的な接点を持つ

定期的なメールマガジンなどを通じて有用な情報を継続的に提供することで、顧客にニーズが生まれた際に想起してもらいやすくする。

（イ）顧客の購買意欲を高める・高めるための施策に誘導する

導入事例など商材価値を訴求するコンテンツを送ることで購買意欲を高めたり、セミナーを案内し商材への関心や興味を持たせたりするなど、リードに態度変容のきっかけを与え、検討プロセスを前に進める。ケース次第では商談を直接打診することもある。

（ウ）顧客の購買意欲や興味関心を把握する

メールの開封状況や本文に貼りつけたウェブページのリンクのクリック状況から、リードの購買意欲や興味関心の程度を把握する。

運用には、MA（マーケティングオートメーション）と呼ばれるデジタルツールを利用することが多い。MAツールにはリードのリアクションをスコアリング（得点化）する機能を持つ。合計スコアや加点頻度から、リードの意欲や関心の程度を推測するのである。また、あらかじめ送付するメール本文に自社サイトのURLのリンクを貼りつけておき、リードがクリックしたら営業（インサイドセールス）に通知するといった設定も行える。MAツールの活用により、リードの関心の範囲やタイミングに合わせて別の観点からの情報提供や商談の提案

など、適切なアプローチを講じることができる。

2 メールマーケティング担当の役割

　1項で述べたメールマーケティングの3つの機能を踏まえ、メールの送信対象や送信内容、頻度を調整するのが担当者の役割といえる。

　運用の効率性を高めるには、メール配信ツールやMAツールを使いこなせるとよい。ツールによっては、特定の条件を満たすリード群にメールを送信したり、適当な間隔で連続性のあるメールを順番に送ったりする（シナリオメールという）のを自動的に行うことができる。特にMAツールを使いこなせると、なるべく人の手をかけずに顧客の購買意欲を高めたり、購買意欲が高まっている顧客とそうでない顧客を判別したりといったことも可能になる。

　とはいえ、現状はメールマーケティングを自動化できているマーケティングチームは限られており、ツールを補助的に使いながらも、顧客とのコミュニケーションには都度人手をかけているというのが現実である。また人の手をある程度入れたほうが、成果が上がりやすい傾向があるように見受けられる。

営業担当が確認すべきポイント

　ふだんの営業活動でも、メールを活用している読者は多いだろう。メールを用いて顧客の必要とする情報を提供し、購買意欲を高めていくという点は、セールスもマーケティングも変わりはない。セールスが担当しているリードに提供している情報が、そのままメールマーケティングの題材に使える場合も多い。

　マーケティング担当とセールスそれぞれが擁するメールノウハウを定期的に交換したり、再現性の高い共通のテンプレートをつくったりすることで、双方の生産性を高めることができるだろう。

　なお、メールマーケティングにおいてセールスとの確執が起こりやすいケースに、セールスが大事に対応しているリードへ、マーケティング担当が勝手にメールを送ってしまうといった事象が挙げられる。マーケティング担当がメールを送信する対象と、その判別条件など、あらかじめしっかりすり合わせておくようにされたい。

　またメールを送る際に、送信先をセールスがそのつどチェックするといったフローを設けている企業もあるかもしれない。しかしチェックする数が膨大になってしまったり、施策のスピード感が失われてしまったりする原因にもなり得るので運用には注意したい。マーケティング担当がメールを送っても良い対象を、誰が見ても明確になるようにSFAツールなどの運用ルールを定めておくのがおすすめだ。

225

ナーチャリング目的の
セミナー・ウェブセミナー

　リードジェネレーションでも取り上げたセミナーやウェブセミナーは、リードナーチャリングの段階でも有効な施策といえる。基本的な概要や注意点は3節で述べた内容と共通することも多い。

　ただしナーチャリング目的のセミナーでは、招待する対象を絞り込み、プログラムもターゲットに応じてより個別化する傾向にある。商材への関心度が高い層には商材のくわしい紹介やデモを中心とした内容になるし、より購買意欲の高い層なら少人数の無料相談会やトライアル会といった企画が考えられる。

　単に獲得しただけではなかなか案件化しないリードも、ナーチャリングを目的としたセミナーなどにうまく導くことで、案件化の可能性が高まることもある。

営業担当が確認すべきポイント

　ナーチャリングが目的のセミナーでは、扱う領域がセールスの担う施策とかなり重なってくる可能性が多い。実際にセールス担当が講師として登壇したり、質疑を受ける立場として参加したりすることで、成果を上げることもある。

　セミナーの運営には直接関わらなかったとしても、その企画面での助言や、セミナー内容に基づくセールスアプローチの検討などで、連携できるとよいだろう。

マーケティングとの連携により得られるメリット

　ここまで読み進めてきた読者の中には、「マーケティングを理解し、連携や協力することが大事なのはわかるが、注力すべきことなのか」と考える人もいるかもしれない。しかしマーケティング担当との連携強化により、営業担当が得られるメリットも多い。次に記すのは、メリットの一例である。

- マーケティング施策の精度が上がり、受注率の高いリードが集まりやすくなることで受注額と営業成績の向上につながる
- リードが適切にナーチャリングされるようになり、受注率が高まるうえ営業側の工数や苦労が減る
- コンテンツの充実により顧客の自己学習が進み、営業側の説明工数が減り、踏み込んだトークを展開しやすくなる
- 一度失注した顧客も、再度ナーチャリングすることにより、適切なタイミングで改めて商談のチャンスを得ることができる

　本章で取り上げた施策以外にも、デジタルマーケティングの手法はたくさん存在する。ただここまで述べたことをある程度理解しておくだけでも、マーケティングチームとの連携を強めることはできるだろう。マーケティングとの連携は、中長期的な事業成長や自身の営業成果の向上に確実につながる。これをきっかけに、自社のマーケティング活動に関心を持ち、よりいっそうの連携を図ることを期待する。

※1 アメリカマーケティング協会　ウェブサイト
https://www.ama.org/the-definition-of-marketing-what-is-marketing/

※2 Facebook　ウェブサイト「Facebook社 2020年第4四半期（10月－12月）業績ハイライト」
https://about.fb.com/ja/news/2021/01/2020_fourth_quarter_results/
コムニコ　WE LOVE SOCIAL「【2021年4月版】人気ソーシャルメディアのユーザー数まとめ」
https://www.comnico.jp/we-love-social/sns-users

※3 マーケティング担当者やウェブコンテンツ制作に関わる人は、Googleの提供するSEOガイド
（https://developers.google.com/search/docs/beginner/seo-starter-guide?hl=ja ）で示
す内容程度はぜひ理解しておきたい。本書の想定読者である営業担当者の場合は、本章で示
した内容の認識でもさほど問題はないと考える。

Part.

3

ケースで見る営業デジタルシフト

Part3では、本書で営業デジタルシフトに組織的に取り組んでいる日本の大手企業を取り上げる。

3社とも、提供するサービス・商材が多岐にわたり、かつ営業組織の規模が大きい。そのため組織間連携がデジタルシフトの大きなカギになるため、本書のPart2の理論を実践で落とし込むために組織変更、プロセス改革などを行っている。

私自身が変革のプロセスにかかわったこともあり、取材協力を快諾していただいた。ここに改めて、お礼を申し上げます。

●第11章　ケース①NEC

社会と産業のデジタルトランスフォーメーションにより、持続可能な社会の実現に取り組んでいるNEC（日本電気株式会社）は、日本を代表するハイテク企業、総合電機メーカーだ。2021年度経済産業省DX銘柄2021（2021年6月7日、経済産業省発表）にDX銘柄とレジリエンス部門の二つ同時に選出された。

本ケースで中心的な役割を担っている東海林 直子本部長が率いるIMC本部は、日本企業の中でも早期にMAを導入、インサイドセールスの活動も始めていた。私がコンサルタントとして関わったのは2019年末以降であり、コロナ禍の最中、榎本 亮執行役員兼CMOの号令の下、大きく営業デジタルシフトを進めている時期と重なっている。

本ケースの最大の特徴は、IMC本部の支援のもと、従来、訪問営業のみであった大手企業を顧客とする営業事業部が緊急避難的に始めたインサイドセールスを、継続拡大して、本格的な営業デジタルシフトに取り組んでいることにある。

第3章「事業戦略策定と部門間アライメントの構築」、第4章「ABM

型モデルの概要」、第9章「営業デジタルシフトの阻害要因と打開策」
の参照ケースとなる。

●第12章　ケース②ソフトバンク

　DX銘柄2021（2021年6月7日、経済産業省発表）に選定された
ソフトバンク株式会社は、通信キャリアのうちの1社。法人事業説
明会（2021年6月1日）では、通信単体事業から脱却し、企業や社
会のDXを推進するソリューションを包括的に提供することで、日
本をDX先進国へと導くとともに、法人事業を大きく成長させてい
くと高らかに発表した。

　本ケースでは、説明会に登壇した藤長 国浩常務執行役員をはじめ、
マーケティングを担う法人マーケティング本部 上野 邦彦本部長、原
田 博行副本部長を中心に、インサイドセールスとデジタルマーケティ
ングおよび大手企業の直販営業との連携について語っていただいた。

　私は、原田氏が副本部長に就任した直後、インサイドセールスに
対してテコ入れした時期にコンサルタントとして関わったが、本ケー
スの特徴は、ABM型、テリトリー型、カバレッジ型の全タイプの
仕組みを短期間に構築したところにある。また、インサイドセール
スの人材教育もくわしく取り上げているところも参考にしてもらい
たい。

　第3章「事業戦略策定と部門間アライメントの構築」、第4章「ABM
型モデルの概要」、第5章「テリトリー型モデルの概要」、第6章「カ
バレッジ型モデルの概要」、第9章「営業デジタルシフトの阻害要因
と打開策」の参照ケースとなる。

●第13章　ケース③JTB

　株式会社JTBは、国内最大手の旅行会社。2021年4月1日より「事業戦略の3つの柱を推進する組織として『ツーリズム事業本部』『地域ソリューション事業部』『ビジネスソリューション事業本部』、各事業本部と連動して各国・各地域の事業推進を担う『グローバル統括本部』、JTBグループ横断のコーポレート機能群として『事業基盤』」（2021年2月26日発表「お客様の実感価値向上を実現するための組織再編について」より）が発足した。

　本ケースでは、ビジネスソリューション事業本部を中心に取り上げる。ビジネスソリューション事業本部を率いる大塚 雅樹 取締役常務執行役員には、新組織体制の目的と営業デジタルシフトのビジョンおよび長期戦略を中心に語っていただき、矢野 晶ビジネスソリューション事業本部マーケティングチームマネージャーをはじめ現場のリーダーの皆さんには、デジタルマーケティング、インサイドセールス、営業プロセス改革、人財育成プログラム構築などの詳細を語っていただいた。

　私がコンサルティング支援を行ったのは、インサイドセールスの導入と定着支援で、コロナ禍の影響が出始める直前までだが、本ケースの最大の特徴は、新たな事業戦略の目的を達成するために、人財育成とデータ活用、プロセス改革を一体となって実施しているところにある。本ケースを読んでいただければ、デジタルシフトが企業の改革につながることがわかるだろう。

　第3章「事業戦略策定と部門間アライメントの構築」、第4章「ABM型モデルの概要」、第9章「営業デジタルシフトの阻害要因と打開策」の参照ケースとなる。

11章

ケーススタディ①
NEC

CASE STUDY① NEC

各社のベンチマークとなった
NECのチャレンジ

NECは、相当早い段階でグローバルスタンダードな、BtoB向けのデジタルマーケティングを志向し、オウンドメディア「wisdom」を2004年に立ち上げた。wisdomのメルマガ会員数は80万人という驚異的な数字を誇り、当時からIT部門以外の部門にアプローチする手段として活用しているという。そういったチャレンジは有名で、多くの企業がNECの取り組みをベンチマークすることになった。

wisdomの企画・運営を担うIMC本部の東海林 直子氏は、ナーチャリングという名称が一般化する前のNECの取り組みを次のように語る。

「今、マーケティングオートメーション（MA）ツールを使ってやっていることを内製化していたと言うとわかりやすいかもしれません。条件によって場合分けして、スコアの高い顧客をタイムリーに抽出し、コールをするというような形です。そうした活動を徐々に進化させて、エンゲージメントを高め、長期的なリレーションを築くための活動をしていました。デジタルマーケティングにさらに力を入れるということで、2016年に、テレマーケティングからインサイドセールスという名称に変え組織化しました。

具体的には、今から10年以上前に、デジタルマーケティングと連携するテレマーケティングの機能をつくるところからナーチャリングへの取り組みは始まっています。テレアポ、電話調査といった呼び名で各部門がそれぞれ実施していたものを集約したうえで顧客データベースをつくるという試みと、デジタルマーケティングを組み合わせながら成長させていきました」

こういった、マーケティング側のリソースを使う形でリードを獲得し、そのリードの中で営業側が可能性の高いものを案件化し、受注につなげるといったデマンドジェネレーションという取り組みが、MAツールが日本で広がる前にすでに行われていたという事実に、驚く方も多いのではないか。

　BtoBマーケティングの業界から見れば、先進的な取り組みではあるが、IMC本部としては忸怩(じくじ)たる思いがあったと言う。

　「それまではマーケティングとセールスが連携できていたのは一部の商材での施策に限られていました。IMC本部が目指す理想の姿からすれば、限定的であり、マーケティングとセールスの連携を強化するためのデジタルシフトは、成果をスケールさせるために急務でした」（東海林氏）

●コロナ禍で加速したデジタルシフト

　そうしたなか、デジタルシフトを一気に加速させるような出来事が起こる。IMC本部は年に数回のプライベート展や協賛展といったリアルイベントの運営も手がけていたが、2020年に世界的に広がった新型コロナウイルス感染症によって、リアルイベントは軒並み中止。開催を見送るか、ウェブでのイベントにシフトするかの判断を迫られることになったのだ。

東海林 直子さん

清水 一寿さん

田野 穰さん

橘 裕之さん

CASE STUDY① NEC

　担当役員である榎本 亮氏は、すぐにリアルイベントの中止、デジタルでの実施という判断を下し、「ただデジタルに切り替えるだけでは意味がない。これまでにないくらいの集客を実現しよう」と号令した。

　IMC本部の吉見 大輔氏、茂木 崇氏によれば、もともとの計画では、2020年5月にAIのイベント、7月に関西でのイベント、11月には東京・有楽町の国際フォーラムでの大規模イベントをリアルで実施することになっていたという。そのすべてをデジタルに切り替えるわけだから、相当なハードワークであったことは想像に難くない。また、イベント運営に慣れていたとはいえ、IMC本部内で蓄積されていたのは、あくまでリアルイベントの運営ノウハウであり、IMC本部は、前例のないデジタルイベントの開催に向けて、動き出すことになった。

　「マーケティング部門であるIMC本部内でも、全員が一律にデジタルスキルを持っていたわけではありません。ですから、うまくいった事例などをチーム全体に共有、スキルアップもしながら、施策を打ち込みながらという感じで、あらゆることを短期間に同時並行的に行っていきました」（茂木氏）

　「茂木が指摘したように、最初はかなりの混乱がありました。IMC本部内にもデジタルイベントを手掛けるグループがあったわけではないので、組織横断的なワーキンググループをつくって、試行錯誤、トライ＆エラーをしながらでしたね。最終的に、すべてのイベントをやりきった後は、メンバーの顔つきが変わっていたのは印象的でした」（吉見氏）

　結果は、7月に1.3万人、11月には国内外で約3万人を集める。これはこれまでデジタル化できていなかった営業が保有する顧客情報も含め一元管理につながった。期待以上の成果と言えるだろう。

236　11章　ケーススタディ① NEC

「デジタルにすることで可視化されたデータを、リアルタイムで全社に共有しました。そのための全社員が閲覧できるダッシュボードを作るなどと、『単にイベントをデジタル化しました』『Zoomを使って営業ができます』ということではなく、そこで得られるデータを最大限活用することで、より大きな成果に結びつくというイメージを伝えたかったのです」

東海林氏は、デジタルシフトは一過性のものではなく、コロナが収束したとしても、データで語るという点は不可逆のものであり、コロナで加速化した各部門の連携を前に進めるチャンスを逃してはならないと考えていた。

その点は寺田 孝氏も同じで、「マーケティングはこういう施策をする。インサイドセールスはこういう活動をする。フィールドセールス、あるいは製品部隊はこういう支援をするというプランを、各々のチームがしっかりと考えたうえで、1つの目標に向かって足並みをそろえていくことが肝心だと思います」と語る。つまり、あくまでIMC本部としては、デジタルを軸にした各部門の連携強化をゴールに見据えているということだ。

では、IMC本部は事業部に対して、どのような働きかけをしていったのか。次の項目で見ていこう。

●インサイドセールスを事業部に組み込む

コロナ禍によって、ありとあらゆる業界に激震が走ったが、中でも、セールスという職種は、対面での商談という最大の顧客接点を奪われることになった。折から発出された緊急事態宣言といった国からの要請も相まって、対面でなければサービスを提供できない業務を除き、多くの企業がテレワーク化に大きく舵を切ったからだ。

CASE STUDY① NEC

　もちろん、IMC本部も手をこまねいていたわけではなく、デジタルイベントへの切り替えを進めるかたわら、同時に事業部への働きかけも進めていった。

　まず、コロナの影響を強く受けているであろう7つの営業事業部に対してマーケティングと連携したデジタルシフトを提案。マーケティングを担うIMC本部内ではなく、事業部ごとにインサイドセールスを組み込むための施策を提案したのだ。しかし、先述の東海林氏の「連携は限定的」という言葉を引用するまでもなく、それぞれ売上といった数字にコミットしている事業部側にとって、これまでマーケティング側から提供されていたリードは売上に直結しないものも多く、自分たちでインサイドセールスに取り組むということに懐疑的な声もあったという。

　「営業そのもののデジタルシフトがゴールだったのですが、当初は、新しいものに割く時間がないと消極的な反応や、テレコールの延長線上であり、新人の教育の一環と捉えられてしまったケースは少なくありませんでした。なかには、『IMC本部が電話をかけてくれるのですか』といった声もありましたね。実際、コロナ以前も、営業が足を運べない領域をホワイトスペースと呼び、その部分に関してのみ、マーケティング主導でアプローチすることができるという状態でしたから、事業部側が急激な変化に躊躇するのは無理もないことでした。ですから、地道にデジタルシフトの必要性、有用性を説明していったというのが実態です」（辻 宣之氏）

　「フィールドセールスのなかに、インサイドセールスを組み込むというのは、簡単ではありませんでした。セールスはそれぞれが目標としての予算を持っていて、それぞれの案件を抱えているわけです。ですから、リードをつくって、フィールドに渡したとしても、『今

は目の前の大型案件があるので、手が回らない』『予算達成のためにはもっと大きなリードが必要』というようなギャップが生まれてしまう。川上から一方的にリードを渡すのではなく、川下側からのリクエストを受けて、川上もリードを作り込んでいくというような発想が必要だということを痛感した1年でした。ただ、セールス側からよい意味でマーケティング側が行うプロモーション施策について、『もっとこうしてほしい』といった意見が集まった1年でもありました。

　もうひとつの変化という意味では、製品部門との連携が強化される方向性が見えてきたことでしょうか。これまでは、営業は営業で扱いやすい商材を選び、製品部門は自分たちがよいと思うものを営業にすすめるといった隔たりがあったのも事実です。ですが、リモートが主流になることで、製品部門側も一緒になってディスカッションできるようになったのは大きかったですね」（茂木氏）

　取材後の2021年4月、IMC本部は7つのグループからなる新しい体制を発表。本部のミッションである「マーケティングでNECの事業拡大に貢献」を実現するため、LOB開拓からトップアプローチまで幅広く営業連携していくことを目標としている。全体の統括は引き続き東海林氏が務め、辻氏は、営業部門と連携し、良質なカスタマージャーニーを構築する「デマンドジェネレーション＆ユーザーコミュニティグループ」、茂木氏はマーケティングROIを最大化するためのプランを策定する「ビジネスマーケティングデザイングループ」、吉見氏は、ウェブやメールなどのデジタルマーケティング基盤等を提供するデジタルマーケティンググループの責任者となることが決まっている。

CASE STUDY① NEC

●事業部側から見たデジタルシフト

　ここまでマーケティング部門からの視点で展開してきたが、営業事業部側はデジタルシフトをどのように捉えていたのだろうか。

　先述した7部門のなかでも、いの一番に動いたのが、清水一寿氏が率いる第二製造業ソリューション事業部だ。同事業部が抱える人員は200人程度。清水氏の傘下に10チームあり、顧客は、プロセス産業と呼ばれる医薬品製造業、化粧品、日用雑貨、鉄鋼、化学、食品、ゼネコン、住宅メーカーと多岐にわたっている。

　「営業の生産性をいかに上げるかという課題は常に持っていました。私自身、現在の部門に来る前に巨大なお客様を担当していた際に、一人で500人、1000人を相手にコミュニケーションすることへの限界を感じていたこともあり、コロナ前から、顧客専用のメルマガを立ち上げるなどと、いくつかの施策を打っていました。そんななか、実際にリアルな面談ができないとなったため、デジタルにシフトするしかないと腹をくくりました」

　しかし、デジタルシフトといっても、清水氏の傘下だけでも、200人、10部門があり、それぞれの業界ごとにお客様像も違えば、アプローチ方法も変わってくるため、トライ&エラーの連続だったという。建設業界の中でも売上100億円から1000億円規模の顧客を担当している奥田吉彦氏は、当時を次のように振り返る。

　「実は、コロナが始まる前から、お客様の購入経路が変わったという実感を持っていました。お客様のほうで事前にインターネット等で情報収集された後に、私たちが提案するというケースが増えていたからです。ですから、私たちとしては、お客様が情報収集する段階からタッチできないかということに課題意識をもっていた状態

240　11章　ケーススタディ① NEC

で、新型コロナウイルス感染症が流行し、部門としても大きくデジタルシフトすることになったという流れになります。

とはいえ、やはり当初は手探り状態でした。1万人くらいの名刺データが手元にあったので、ひたすら電話をかけたりもしました。ただ、当然といえば当然ですが、ヒット率が低い。これはどの企業もどの部門も同じ悩みを抱えていると思うのですが、持っている名刺情報が更新されていないということを改めて痛感しました。本来は、こちらが提供できる価値を求めているお客様、課題感をもっているお客様をきちんと見極めて電話する必要があるのですが、しっかりとした顧客情報のデータベースがないことがボトルネックになってしまったのです。インサイドセールス＝テレアポと考えると失敗するというのは身をもって経験しましたね。

また、私たちのような部門と、全国に拠点のあるフィールドセールス、そしてIMC本部側の連携が不足していることを感じた1年でした。例えば、国内営業の要望は、『お客様が困っていることを解決できる製品、当該製品のセミナー・キャンペーン情報』です。一方、IMC本部側はデジタルマーケティングで情報を広く提供するわけですが、本当に欲しているお客様に届いていないケースも少なくありません。

2021年の2月頃に建設業界向けのセミナーを開催した際、参加されたお客様の9割がバナー広告等からの新規リードだったときは、けっこうな衝撃でした。それは、営業の紹介で参加したお客様が1割くらいしかいないということであり、これが今の実態だということを痛烈に感じたのは覚えています。2020年度は、マーケティング部門、インサイドセールス、フィールドセールスという役割を分担するチーム戦で、顧客により高い価値を提供できるようになることを身をもって知ることができた年でした」

CASE STUDY① NEC

　化学、土石、窯業、ゴム、建材といった生産財関連の顧客を抱える第四インテグレーション部の青木 克文氏は、当初、インサイドセールスを導入すれば、すぐに結果が出るのではないかと感じていたそうだ。

　「第四に関しては、奥田さんの部門と違って、インサイドセールスに舵を切るという号令がかかってから動き出したのですが、当初は、もっと簡単に結果が出ると思っていましたが、大きな誤解でした。前向きな表現をするなら、今までのアナログ営業で見て見ぬふりをしていた課題が表層化し、それに対してしっかり向き合うきっかけになったと言えるかもしれません。

　例えば、インサイドセールス導入前から、私たちの部門は、すでに対応すべきお客様が目の前にいらっしゃるので、必要な商材を必要なタイミングで提供するというのはある程度できていました。一方で課題としてあったのは、目の前のお客様対応に工数をとられてしまい、提案できていない商材がたくさんあるということ。ですから、インサイドセールスを導入し、商材をあてる機会が増えれば、成果につながるのではないかと安易に考えてしまっていたのです。

　結果、どうだったかといえば、ご想像の通り、思うように成果につながらない。最初の課題は、奥田さんの指摘と重なる部分ですが、NEC全体の顧客管理データベースが存在しないという事実に直面してしまったということです。極端な話、顧客の最新データは、各自の頭の中、名刺入れの中にあったり、施策ごとにエクセルで管理していたり、管理方法や更新頻度もばらばらな状況で、インサイドセールスで活用できる状態にはなっていませんでした。

　そんな中、見よう見まねで、まずは200件コールという量を目標にコールをしてみたのですが、ほぼヒットしない。メンバーたちは口にはしませんでしたが、電話をかけるだけの仕事をやらされてい

ると感じてしまい、モチベーションが下がっていくのが手に取るようにわかりました。

そしてもうひとつの課題が営業プロセスですね。量を追うだけではメンバーが疲弊するだけですので、いかに質を高めた活動にシフトするか、どういった価値をぶつけるのがいいのか、通り一遍のスクリプトだけではなく、営業のプロセス自体を標準化するためにはどうすればよいのか、ということを必死に考えました。例えば、ある商材に関しては、経験豊富な営業や、販促支援や導入支援をしているSEがいますので、彼らの行動や知見や判断ポイントなどをまとめながら、成果につながる標準的なプロセスを整備できないかといったことにチャレンジしたりしています。ベテランの頭の中や経験の中にある活動の点を線にしていくイメージですね」

3人目は、生産財の中でも鉄鋼業を中心に扱う第三インテグレーション部の川邉 理恵氏。

「現場で最初に感じたのは、今やっていることと、そこまで大きく変わらないのではないかということでした。生産財の特徴でもあるのですが、もともとお客様の拠点が全国に散らばっているため、北は北海道から南は九州まで、全国横断的な対応が求められていました。きっかけの1つとしてコロナはありましたが、コロナ以前から、全国横断型でフォローするのは限界があるというのは感じていたため、東京にいながらどう現場のお客様を支援するかという課題感を持っていたということです。そこで自分の経験則として始めたのが、メルマガでした。そのタイミングで、インサイドセールス導入の号令がかかったので、その流れに乗ろうと考えました。

私は営業の醍醐味は、お客様と対話を重ねて、課題を一緒に考えるプロセスだと思っているのですが、対面での打ち合わせができな

くなったことで、どうしたらいいのかわからないと元気をなくして
しまったメンバーもいました。そうしたメンバーに対して、ナレッ
ジセンターのほうで、トークスクリプトや、相手の課題を聴く力を
強化するといったインサイドセールスについての教育プログラムを
つくってくださったのは、ありがたかったですね。そうしたプロセ
スを経ることで、マーケティング側でも営業の思いを汲み取ってく
ださる方が増えて、事業部側としても主体的に取り組めるようになっ
たのは大きな収穫だったと思います」

　川邉氏のコメントで登場したナレッジセンターは、事業部内のデ
ジタルシフトを推進する役目だけでなく、マーケティング側との橋
渡し役も担う組織であり、主担当の原田 大助氏はIMC本部の仕事
も兼務している。
　「今までハイパフォーマーのセールスのスキルを可視化するのは
難しかった。それをいかにデジタル化し、再現性の高いものとして
標準化するかに挑戦しています。清水さんが、常々『商材にはストー
リーが必要だ』と言っているように、セールスのプロセスをしっか
りとパッケージ化したいと考えています」(原田氏)

　取材を通して印象深かったことの1つに、奥田氏が語った「チー
ム戦」という言葉がある。インサイドセールスにおいては、営業プ
ロセスの機能を分け、チームで案件を醸成するという意識が不可欠
であり、奥田氏、青木氏、川邉氏の置かれた状況は三者三様である
とはいえ、全員が自部門だけでなく、他部門との連携が強化された
と感じているのは、今後にとって明るい要素の1つではないだろうか。
　取材時、事業部全体の営業デジタル化を底上げするためにも、組
織を含めた見直しを実施すると話していた清水氏は、2021年4月、

役割の明確化と業種スキル（VCI）の強化策を打ち出した。同時に行われた組織変更で、いくつかのインテグレーションが統合されることになったが、注目すべきは、インサイドセールス部隊をまとめた「デジタルマーケティング部」が新設された点だろう。清水氏は新規・既存事業を拡大するためにも、インサイドセールス部隊が各インテグレーションと連動した目標を持つ必要があると考え、予算の15%に関与するという具体的な数値を発表している。

●なぜ、自ら手を挙げ、インサイドセールスを推進したのか

　当初、IMC本部がマーケティングと営業のデジタルシフト連携を提案した7部門に含まれていないにもかかわらず、コロナ禍を契機に、営業デジタルシフトを志した部門がある。それが主に通信キャリア向けの営業を統括するネットワークサービスビジネスユニットだ。支配人の田野 穣氏は、CMO榎本氏の説明で7部門の取り組みを知ると、すぐに東海林氏にアプローチし、マーケティングとの連携を進めた。

　田野氏がすぐに動いたのには理由があった。直接のきっかけは支配人に就任し、上長より営業デジタルシフトを検討するようにと指示があったことだが、次のような理由も大きかったという。

　「以前は、NECがお客様にお届けするソリューションは競合ともしっかりと差別化できていたため、ぜひNECからの提案を受けたいというお声が多かった。しかし、NECに限らず、さまざまな技術がオープン化されるなかで、業界全体として商材がコモディティ化してしまった。そうした状況においては、個人の営業力というよりも、組織として営業力をベースアップするために、さまざまな知見を共有し、可視化して、それをデータとして残しながら、営業力を高めていきたいと考えていました」

CASE STUDY① NEC

　中でも、東海林氏から「インサイドセールスは関係醸成にも使える」という説明を受けたことで、自分たちが担当する長期スパン型の営業にも活かすことができると感じたという。

　早速、田野氏は、傘下の部門であるキャリア営業本部で本部長代理を務める橘 裕之氏とともに、デジタルシフトを推進していった。もともと、橘氏が所属する部門では、以前からセールスフォースを使った顧客管理を積極的に進めていたため、土地勘があったのは大きなアドバンテージだった。

　橘氏は当時のことを次のように語る。

　「競合他社に比べ、自分たちの営業力はどの程度かというのは常に意識してきました。ですから、もともと営業対応として顧客へ価値のある行動をしようといった取り組みのなかで様々な手法を模索していたのです。さらに2020年からのコロナ禍で、デジタルツールへのシフトを加速化する必要があると改めて感じたタイミングで、田野さんから指示がありました」

　では、具体的には、橘氏はどのように現場で改革を進めていったのだろうか。当初は、「今でも電話でコミュニケーションすることはできているので、必要ないのではないか」といった声もあったそうだが、そうした声にも対応するため、マーケティング部門と連携しながら、闇雲に導入するのではなく、「ネットワークサービスビジネスユニットなら、どのように使うことができるか」という点を、メンバーに腹落ちする形に一つひとつ落とし込んでいった。中でも田野氏は「これまでの営業行為を否定するのではなく、インサイドセールスをどう営業活動に組み込んでいくか」という点に注意を払っていたという。

　そのためにも、田野氏傘下の4部門からインサイドセールス推進メンバーを募り、落とし込んでいくプロセスを10ステップにまとめて、

現場で実践していった。例えば、いきなり大掛かりな案件にチャレンジするのではなく、トークスクリプトを用意して、それに沿って進めてみることで、これまでの営業にどうプラスしていくかを実感できるように工夫をしたという。結果、「トークスクリプトがあったので、お客様としっかりとコミュニケーションがとれました」とか「自分は逆に話しにくいので、自分なりにアレンジした」というような、自分事として捉える傾向が広がっていった。

　「今は、まずは自分たちの仕事に組み込もうという段階ですが、今後は、本部全体としての戦略の中にインサイドセールスをしっかりと組み込み、それを実行に移すことの意識づけを強化していく必要があります。そして、頭ではわかっても、実際にアクションにつながらなければ意味がありませんから、泥臭い話ですが、営業としては『行動』を変えるということを地道にやっていこうと考えています」（橘氏）

　「どんなことでも、新しいことを始めるには、それなりのハードルが存在します。今回も、デジタル化するためには、追加で発生する具体的な作業、工数について、意味のあることだという理解を広める必要がありました。そのためには、やはり効果を出して、納得感を得ていくという啓蒙活動は欠かせません。その点、NTTドコモ営業本部のエキスパートの伊東利彦さんたちが、日々、率先して動いていただけるのはありがたいですね。今では、『これまで会う機会が少なく、もっと情報提供をしてほしいと思っていたが、インサイドセールスによって、以前よりもしっかりフォローアップしてもらえてうれしい』というお客様の声も聞こえてきています。ですから、そうした反応をしっかりと継続できるような仕組み化を行っていきたいと思っています」（田野氏）

　両氏に共通しているスタンスは、ツールや流行りの言葉に踊らさ

CASE STUDY① NEC

れないで、営業に自律的に取り組ませること、また個人の活動の集約に終始しがちな営業をデータとチームの一体感を醸成しながら組織変革を行うことだ。デジタルシフトは不可逆ではあるけれど、そうしたツールや仕組みをこれまでの営業スタイルの中にいかに組み込み、よりよい形にしていくか。田野氏の次の言葉からは、リアルとデジタルのハイブリッドを目指すネットワークサービスビジネスユニットのスタンスが垣間見える。

「バーチャル、リモートになったからこそ、お客様と直接対面する機会というのは貴重になっています。ですから、デジタルなツールを駆使しながら、最適なアプローチを図るとともに、リアルな時間も大切にしながら、お客様にソリューションを提供するという営業の本質も忘れてはいけないと考えています」

IMC本部、第二製造ソリューション事業部の体制変更については先述したとおりだが、ネットワークサービスユニットもまた、デジタルシフトを加速させるための体制変更を行った。その目玉と言えるのが、4営業本部横断の組織である「カスタマーエンゲージメントセンター（CEC）」の組成だ。その狙いについて、田野氏はキックオフイベントで次のように述べている。

「昨年（2020年）から取り組んでいる営業デジタルシフトをさらに加速させるため、リアルな世界の営業とバーチャルな世界の営業をデジタル技術を使ってつないでいきたい。ポイントはデータの記録と活用だ。現場としては一時的に仕事量が増えると感じるかもしれないが、今取り掛かるか取り掛からないかで未来の勝率に大きな差が生まれると確信している」

248　11章　ケーススタディ①NEC

●NECの目指すデジタルシフトとは

　最後に、東海林氏に今後の取り組みついて、聞いてみた。
「マーケティングと営業のデジタルシフト2年目である今年（2021年）
は、成果を上げる年と位置付けています。昨年7部門から草の根的
にスタートしたこの活動は営業改革のプロジェクトと融合し、全社
の取り組みに進化しました。今年度は営業とマーケが共通の受注目
標をもち、年間のマーケティングプランと営業戦略との融合も始まっ
ています。今年は、その要となるデータ基盤の刷新にも本格的に取
り組みます。リアルタイムに顧客の状況を可視化し対応するための
新しい顧客データベースの構築です。グローバルスタンダードを目
指して作り上げてきたデジタルマーケの基盤が、マーケティングだ
けでなく、営業自身が活用できるようになることを目指しています」

11章　NEC　取材にご協力いただいたみなさま（敬称略、肩書は当時）

執行役員兼CMO	榎本 亮
IMC本部 本部長	東海林 直子
IMC本部 本部長代理	冨見 大輔
IMC本部 シニアマネージャー	茂木 崇
IMC本部 シニアマネージャー	辻 宣之
IMC本部 シニアエキスパート	寺田 孝

エンタープライズビジネスユニット 第二製造業ソリューション事業部 事業部長
清水 一寿（現：エンタープライズビジネスユニット 第二金融ソリューション事業部　事業部長）
エンタープライズビジネスユニット 第二製造業ソリューション事業部 上席主幹 兼 IMC本部 シニアエキスパート
原田 大助（現：IMC本部 シニアエキスパート）
エンタープライズビジネスユニット 第二製造業ソリューション事業部 マネージャー
奥田 吉彦
エンタープライズビジネスユニット 第二製造業ソリューション事業部 主任
青木 克文（現：エンタープライズビジネスユニット 第二製造業ソリューション事業部 マネージャー）
エンタープライズビジネスユニット 第二製造業ソリューション事業部 主任
川邉 理恵（現：エンタープライズビジネスユニット 第二製造業ソリューション事業部 マネージャー）

ネットワークサービスビジネスユニット 支配人
田野 穣
ネットワークサービスビジネスユニット キャリア営業本部 本部長代理
橘 裕之（現：ネットワークサービスビジネスユニット キャリア営業本部 本部長）

「インフィニティ・ループ」という発想

執行役員兼CMO **榎本 亮**氏

▍コロナ禍で加速したデジタルシフト

　東海林さんほか、各事業部のメンバーがコメントしているように、コロナ禍がNEC全体のマーケティング、営業戦略に与えた影響は小さくありません。

　私自身、IBM、セールスフォースを経て、2015年にNECに入社してから、マーケティング分野において、さまざまな改革を実施してきましたが、2020年はアクセル全開でマーケティングと営業のデジタルシフトに邁進してきました。

　コロナ禍で私たちが真っ先に掲げたのが、「社会を止めない」「ビジネスを止めない」というスローガンでした。コロナ対策に追われている行政の窓口に対して、AIチャットボットによる自動応答システムを無償で提供したり、グループ会社と共同で企業向けにウェブ会議システムの無料キャンペーンを実施するなど、まずはNECとしての社会的責任を果たすために何が出来るか考え、社内を巻き込んで具体的な支援策を提供しました。

　その上で進めたのが、NEC自身のビジネスを止めない、マーケティングを止めないということで、毎年主催しているお客様向けリアルイベントをすべてオンラインに切り替えるというチャレンジでした。

当時副社長だった森田隆之CFO（現社長）からも「やるのだったら、世界一を目指してほしい」と発破をかけられましたが、2回のイベントをデジタル開催した結果、これらのイベントの視聴者は国内外で延べ10万人超と、リアルイベントとは桁違いのご参加を頂戴し、営業がフォローにてんてこ舞いになるほどのリードが獲得できたことで、経営層においてもデジタルシフトへの取り組みの認知が上がり、コロナでお客様との接触機会が薄れる危機感をもっていた営業部門との連携も一気に加速することになったのです。

■ すべてはお客様との永続的な関係構築のために

すでに内外で発表されていますが、NECにとって2021年度は、中期計画（5カ年）のスタートの年にあたります。社内各部門ともデジタルシフトを意識した組織改編を発表しています。我々としてもマーケティングと営業のデジタルシフトを進めていく上では、顧客との永続的な関係性を維持強化する「インフィニティ・ループ」を念頭に置いた活動が、これまで以上に必要になってきます。

営業、あるいはマーケティング部門、フィールドサービス部門が自部門の活動だけで完結するのではなく相互につながることで、どこかで途切れることなくOne NECとしてお客様に向き合うことが可能になります。

例えばフィールドのエンジニアが保守点検する中で、有形無形のお客様のシグナルをキャッチする。そこで、顧客課題解決への提案をマーケティング部門と営業が連携して行う。このように会社全体としてお客様に寄り添い、お客様の成功を支える。抽象的に表現すれば簡単なことのように響きますが、10万人を超えるNEC全体に仕組みとプロセスを定着させ、お客様の声を一つ残さず拾い上げ、

お客様のご期待を超える対応につなげるようにすることは簡単ではありません。しっかりとしたシステム基盤を構築し、その上にNECならではのプロセスを運営していく必要があります。

　また、お客様との関係性を強化するためには、デジタルマーケティングツール等を駆使し、圧倒的なスピードでご期待に応えなくてはなりません。そのためには常日頃からお客様や市場に関するデータを集め分析し、次の打ち手に対する考察を深めておかなくてはなりません。いわゆるMI：マーケットインテリジェンスという活動も重要になります。

　昔は、数カ月のキャンペーンの成果を持々チェックするといったマンスリー単位程度のPDCAサイクルでマーケティング活動は運営されていました。デジタルマーケティングが当然の今の時代では、デイリーもしくは1日に複数回のPDCAを回し、各種マーケティング施策の継続的改善を繰り返すことが必須となります。

　圧倒的なスピードアップが求められるわけですから、やり方をそのままに慌ててもとても追いつけません。データの取り方から集計に至るまでもデジタル化し、各種KPIの因果関係を見極め、成果を阻害する根本的な原因を取り除いていく必要があります。根本原因は自部門に存在せずはるかに上流/下流工程に起因することもしばしばです。

　インフィニティ・ループができあがっていれば、組織の壁を超えた真の原因究明と真の課題解決につなげることが可能になります。この営みを休むことなく永遠に続けることでNECはデジタルの時代にお客様の真のパートナーとして認めていただけると信じています。

252　11章　ケーススタディ① NEC

12章

ケーススタディ②
ソフトバンク

CASE STUDY② ソフトバンク

商材が多角化する時代の営業戦略

「超人でなければ不可能なレベルにまで、扱う商材の数が膨らんでいる」

そう語る原田 博行氏（法人マーケティング本部 副本部長）は、お客様のニーズや課題に対して、さまざまな先進的な取り組みで応えてきたソフトバンクの営業の最前線で活躍してきた人物だ。

かつては、数千人を動員した人海戦術（通称「パラソル」部隊）で、Yahoo! BBなどの販売キャンペーンを行っていたソフトバンクだが、2008年7月には、iPhone 3Gをいち早く日本市場に投入。その後もPepper（ペッパー）をはじめ、AI（人工知能）、IoT、DX（デジタルトランスフォーメーション）と、新領域へのチャレンジを続け、日本を代表する企業の1つとなっている。今現在はデジタル機器・ツールだけでなく、コワーキングスペースや広告も扱っているため、営業部門が扱う商材はなんと2000以上。一人ひとりのセールスに求められる知識、スキルが高度化していることは想像に難くない。

原田氏の上長であり、法人マーケティング本部 本部長の上野 邦彦氏は、ソフトバンクの置かれた現状と課題を次のように語る。

「ソフトバンクの営業は、商材の多角化、新規顧客の獲得、営業手法の多様化の3点について、常に注力してきました。その中でも、商材の多角化という点はかなり進んでいますし、これからも時代のニーズに応えていくという姿勢は変わりません。もちろん、原田さんのコメントにあったように、1人のセールスがすべての商材を扱うのは簡単ではありません。だからこそ、インサイドセールス、マーケティング、フィールドセールス（直販営業）が連携していかなければならないのです。

254　12章　ケーススタディ②ソフトバンク

2点目の顧客に関しては、大企業（エンタープライズ）と、中堅・中小企業（SMB）に分けて考える必要があります。ソフトバンクの法人営業は、日本テレコムの直販営業部隊をベースにしていることもあり、当時から大企業を中心に、ネットワークや固定電話を提供してきました。そのため、今現在、1800社あまりあると言われる大企業（年商1000億円以上の上場企業）に対しては、95％という極めて高いタッチ率を実現しています。

　一方で、日本企業の約9割にあたる中堅・中小企業（年商50億円以下）に対しては、自社だけでなく、パートナー企業と協力して開拓する体制をとってきました。このセグメントに対しても40万社程度にタッチしているため、決して数が少ないわけではありません。それでも合計380万社あると言われているSMBへのタッチ率は10％未満であり、まだまだ成長の余地があるのも事実です。

　これはどの企業のセールスも同じ課題を抱えていると思いますが、数十万社というお客様に対して、どうすれば効率的に、リテンション活動、アップセル、クロスセルを行い、最適なソリューションをスピーディに提供できるかは長年の課題でした。そして、それを解決するために、営業手法の多様化の1つともいえるインサイドセールスに白羽の矢が立ったわけです」

上野 邦彦さん

原田 博行さん

杉本 薫重さん

橋本 直樹さん

CASE STUDY② ソフトバンク

●非対面での販売チャネルはBtoCから始まった

上野氏自身は、役員の藤長 国浩氏からのオファーで法人マーケティング本部 本部長に就任することになったのだが、実は以前から営業のデジタル化に可能性を感じていた。

「非対面での販売チャネルという観点でいえば、EC市場の普及からもわかるように、BtoBよりもBtoCの領域が先行しています。その理由にはいくつかありますが、ネットワーク、PCやモバイルといったデバイスが高度化し、セキュリティー機能の強化、プライバシー等にかかわる法整備が進んだことが大きいのではないでしょうか。

では、なぜ、BtoBでは非対面の営業が普及するのに時間がかかったかといえば、複数の意思決定者が承認するというプロセスを経て、サービスやモノを購入する商習慣があったからです。

ただ、デジタル技術の進化やリモートワークが普及したことに加え、コロナでウェブ会議やリモートでの商談が急激に増えたことで、BtoBの領域でも、非対面営業の普及に追い風が吹き始めています。

また、デジタル化は顧客メリットも大きい。エンタープライズとSMBの両方に対して、受注後のアフターフォローや新規の提案をしっかりと行う必要があります。インサイドセールス、マーケティング、フィールドセールスが連携し、これまで以上に十全なフォローやご提案をすることで、『ソフトバンクさんにお願いしたい』と指名していただけるケースを増やしていきたい」（上野氏）

●あらゆる手段を使って、認知度を上げる

しかし、インサイドセールスの部門が発足した当初、「インサイドセールス」の認知度は極めて低い状態だった。他部門はもちろんのこと、部内においても「インサイドセールスとはなんぞや」と、

256　12章　ケーススタディ②ソフトバンク

頭にハテナマークがついているメンバーが多数いたため、国内外での事業者へのヒアリングやeラーニング等で最先端のBtoBマーケティングを学べる仕組みを導入しながら、他部門に対しても積極的に働きかけを続けたという。

「一番つらいのは無関心でした。そのため、あらゆる手段、あらゆる機会を使って『インサイドセールス』『デジタルマーケティング』という言葉を発信していきました。たとえば、私たちのレポートラインである常務が使用する資料にインサイドセールスの成功例を加えてもらったり、経営会議で直販営業と協業した案件を紹介したり、社内向けの動画メディア『BizTV』でデジタルマーケティングについて取り上げたりと、とにかく埋没しないように、自分たちの取り組みの認知度を高め、共に取り組んでもらうためのアクションを続けました」（上野氏）

最初は、直販営業から「勝手にメールを送られると困る」といった反応もあったというが、地道な活動が実を結び、今では、メールマーケティングで使用可能なアローリストは数十万件程度にまで増加しているという。

また、2年間で7回の組織変更を行っていることからも本気度が窺える。デジタルシフトにおいては、教科書どおりの「正解」はなく、最終的には組織の状況等から、ハンドメイドで確立するしかないからだ。

「自分たちの求めるデジタルマーケティングの姿、インサイドセールスの姿を常にアップデートしていきながら、所属するメンバーに腹落ちするように、今、私たちに必要な機能は何か、足りないものは何かを問いかけ、組織変更のたびに、目的、意図を繰り返し説明してきました」（上野氏）

CASE STUDY② ソフトバンク

●トップセールス自ら「インサイドセールス」を行う

上野氏が言う「あらゆる手段」というのは、人員に関しても例外ではない。社外からデジタル分野に知見のある人材を採用するだけでなく、コンサルティング会社と契約を結んでワークショップなどを行うことで、社内人材の育成にも力を入れている。

さらに、インサイドセールスの部門発足後、トップセールスだった原田氏を呼び寄せた。「インサイドセールスの存在価値、あるいはマーケティングの意味、役割を直販営業側の視点で感じ取り、何をどう変えていくべきかを把握した上で、部内外との連携を図る」という難しいミッションをやり遂げるには、営業での経験、とりわけトップセールスの力が必要だと考えたからだ。

「原田さんが加入することで、それまでは従来型のコールセンター、カスタマーセンターだと思われていたインサイドセールスに対する、直販営業の意識が変わった」と上野氏は語るが、当の原田氏はデジタルシフトについて、どのように考えているのだろうか。

「営業ツールのデジタル化は、10年ほど前から始まっています。たとえば、2009年のiPhone 3GS販売当時、私は前線で営業をしていましたが、すでにモバイルを使ってメールのやりとりをしていました。iPadが出たタイミングで、提案資料のデジタル化も一気に進みましたね。それまでは紙の提案書を印刷して客先に持参していたのですが、iPadにデータを入れ、先方に説明した後、帰り際に先方にメールで送るようになりました。2011年からは、提案書の印刷は行っていません。その後も、ソフトバンクが販売するグーグルやマイクロソフトのサービスを自分たちでも使うなど、お客様とのコミュニケーションのデジタル化も積極的に行っていきました。会社全体としても、AIやRPAを活用して業務効率化を目指す『デジタル

258　12章　ケーススタディ②ソフトバンク

ワーカー4000プロジェクト』という取り組みが現在社内で進行中です。そうしたベースがあった上で、2018年に新部門を創設し、これまであったコールセンター機能を含めてインサイドセールスという形に統合していきました」

　デジタルツールの使月実績や知見はあったとはいえ、トップセールスから一転、新部門に異動した原田氏は、直販営業出身という強みを武器に、実績づくりに奔走したという。

　「上野さんが言うように、興味を示してもらえないところからのスタートでした。そもそも直販営業がインサイドセールスの必要性を感じていませんでしたから。そのため、なんとしても実績をつくる必要があると考え、必要があれば率先して直販営業と交渉しました。たとえば、昔の部下に『異論があるのはわかるが、まずはやってくれないか』と話したり、『○○さん、なんとかお願いしますよ』と先輩社員に頼んだりと、営業出身であることをフルに活用して、協力してくれる人を一人ひとり口説きながら、小さくてもいいからスタートさせていきましたね。

　また、メンバーの意識変革も推進しました。2018年の10月から年末にかけては、会議の中で、パイプラインをトラッキングしました。一方で、60人以上いるメンバー全員と1on1ミーティングを重ねて、細かくケアしたり、フォローしたりしていくことで、何をどうやっていくかという共通認識が徐々に生まれていったという感じです。

　営業の生産性を縦が質で横が量の面積とすると、いきなり質を上げるのは難しい。まずは横軸の量をやっていくしかない。そして、同時並行的にデジタルマーケティングの理解を深め、成功事例を共有しながら、質を上げるというアプローチを意識しました。まだ道半ばではありますが、フィールドセールス、インサイドセールス、

デジタルマーケティングの人間が全員、共通言語を獲得しなければ、完成することはありません」

●日本企業では珍しい「セールス・イネーブルメント」とは

　上野氏、原田氏が率いる法人マーケティング本部の活動を後押しするため、2020年4月に新設されたのが、セールス・イネーブルメント課だ。カスタマーエンゲージメント部 部長の西村 利枝氏は、自らの活動を次のように語る。

　「インサイドセールス統括部傘下には、インサイドセールス第2営業部と、私が所属しているカスタマーエンゲージメント部があります。後者の中にあるのが、セールス・イネーブルメント課です。2021年2月時点では、本務2名、兼務2名の4名体制です。

　通常の人事が行う研修は社会人としてのマナーやスキルが中心になりますが、セールス・イネーブルメント課の役割は、営業、とくにインサイドセールスという観点から人材を育成していくことになります。営業に必要な社会人としてのマナーも扱いますが、プロダクトスキルだけでなく、営業が使うテンプレートや、トークスクリプトの作成といった、通常の研修部門からすると領域外のことも連携しながら作成しています」

　上野氏や原田氏が、「これはセールス・イネーブルメントの仕事だ」という形で、権限と責任を委譲したことで、新設された部署でも周囲からの理解を得ることができ、短期間にさまざまなプログラムを構築することができたという。

　その1つが、寺子屋だ。通常のプログラムだけでは習得が難しい領域、たとえば、「お客様の問い合わせに対して、どのように対応すればうまくいくか」といった部分に関して、ノウハウをもったメ

ンバーが講師として登壇することもあり、満足度調査では受講者の9割が「満足」と回答しているそうだ。また、部署のメンバーが持ち回りで記事を発信していく「インサイドセールスのわ!」という取り組みも開始した。

さらに、西村氏は業務改革課も兼務しているため、ただ単純にトレーニングプログラムを構築するだけでなく、CRMのリニューアルや、お客様向けシステムのUI、UXの改善にも取り組んでいる。また、インサイドセールス第2営業部 部長の杉本氏たちと週に1回会議を行い、営業部門と緊密にコミュニケーションを取りながら進めているというのは特筆すべきポイントだろう。

●成功の鍵は「再現性」

では、西村氏のコメントにも登場したインサイドセールスの部門は、どのような活動をしているのだろうか。

エンタープライズ領域の案件を創出して直販営業へトスアップするチームを統括している橋本 直樹氏は、2018年10月に原田氏と同じタイミングで法人マーケティング本部に異動するまでは、インサイドセールスに対して「問い合わせに対応する部署」といったイメージしか持っていなかったと言う。また、リテンション業務の経験を買われて上野氏からのオファーで合流し、年商50億円以下のSMBを対象に自己完結型のインサイドセールスを統括する杉本 薫重氏は、当初、インサイドセールスという言葉すら知らなかったそうだが、転機は異動の1ヵ月後に訪れることになった。

「一気に変革しないといけないと感じたのは、異動の1カ月後に、急に『営業部門に変わる』と告げられたタイミングですね。それまではダッシュボードの案件管理やお客様対応の効率化といった業務を担当するという位置づけだったのが、利益を稼ぐことも重要な指

CASE STUDY② ソフトバンク

標になったわけです。それまでは数字を意識している人はいなかったので、セールスフォースのツールを使って、すぐに実績の見える化を進めました。

　私のチームは、下は32歳から上に65歳、平均年齢48歳です。しっかりと数字に向き合ってもらえるように、さまざまな工夫をしました。毎日の実績をホワイトボードに書いて朝礼で読み上げたり、お菓子箱を用意して、『オプションを獲得したら、お菓子をゲット』というゲーム性を取り入れたり、小さなコンテストを実施したりと成功体験を積んでもらうための取り組みはなんでもやりました。

　そのときに注意したのは、メンバーと同じ視線で考えることでした。統括する立場だから偉いとかではなく、どうやれば一人ひとりが頑張れて、チームとして成果が上がるかというのを、日々観察しながら考えて、仕組みをつくっていったという感じです。

　2019年の上期からは、インサイドセールスとして取り組むべき内容や数字をMBO（Management by Objectives）に盛り込み、アクションが評価につながる仕組みにしました。MBOの期が終わってから数字をみて『あなたの成績はこうでした』と伝えるのではなく、リアルタイムで数字を確認できる環境もつくっています」（杉本氏）

　取材時に驚いたのは、ほぼゼロからスタートしたにもかかわらず、橋本氏のチームも、杉本氏のチームも目標の数字をクリアしている点だ。

　「目標の数字をクリアすることはもちろん重要ですが、いかに『型化』するかは常に意識しています。チームを持ち上げるわけではありませんが、かなり優秀なメンバーが揃っているので、個々の力という点では申し分ない。ただ、これから新しいメンバーが異動してきたり、新卒の人が来たとして、すぐに対応できるかといえば、できない。ですから、セールス・イネーブルメント課とも連携しなが

ら、優秀なメンバーの手法を再現性のある形にするためのマニュアル化にも取り組んでいます。また、私のチームは、基本的にすべての案件で直販営業に寄り添い連携する必要があります。そういった連携の仕方というのも、属人的になりがちな部分ですので、型化は必須だと感じています」（橋本氏）

●チームプレーから生まれた成功事例

インサイドセールスの部門発足後、認知度向上のために、上野氏をはじめとするメンバーが、折に触れて成功事例を発信してきたことは先述したとおりだが、ここでは、橋本氏が統括するエンタープライズ領域での成功事例を紹介したい。

本事例は、リテンション業務、SMB層の営業、さらにはエンタープライズ領域の営業を経験したのちに、インサイドセールスの部門に配属になった藤本 奈己氏と、かつてSMB層の営業で藤本氏と働いた経験があり、今は直販営業として外資系企業を担当している媚山 優氏のチームプレーから生まれた。

当初、インサイドセールスの役割、立場が社内的にも周知されていない状態ということもあり、多少の戸惑いを覚えた藤本氏だが、直販営業の下請けではない、新たな案件創出という点にフォーカスして活動を続けていたという。

「今回の案件に関しては、インサイドセールス側から電話をしたわけではなく、きっかけはお客様からの資料請求でした。お客様が当社のサイトで資料をダウンロードしたことがわかった時点で、すぐに私からコンタクトをとり、ヒアリングを重ねました。その後は、『こういうことを実現したい』『こういった製品を検討している』という情報をお客様からいただき、関係部署に何度も確認し、お客様のご要望に応えられるかどうか、一つひとつクリアにしていったと

CASE STUDY② ソフトバンク

いう流れです。

　すぐに直販営業に渡すという選択肢もありましたが、私ももともと直販営業をやっていましたから、要望だけヒアリングした段階でトスアップされると、直販営業側としても受注までのプロセスに困るであろうことが容易に想像できました。ですから、やりとりの内容については媚山さんに逐一連絡していましたが、受注が決まるくらいまで、コミットする気持ちで取り組みました。そういった経緯もあり、実際にお客様と媚山さんをつないだのは、見積もりが出たタイミングでした」

　ソフトバンク内でも、お客様より見積もり依頼をいただくまでインサイドセールスが担当するケースは稀だという。その点、トスアップを受ける側である媚山氏はどのように捉えているのだろうか。

　「かつて藤本さんと一緒に働いたことがあるというのは大きかったかもしれません。ここまではそちらでやってほしい、ここからはこちら側が引き継いでやるといったコミュニケーションが円滑にとれたこともあって、安心してお任せしていました。見積もり依頼段階でトスアップしてもらったのですが、実際にはそのあともずっと藤本さんには伴走をお願いしています。お客様の立場からすると、最初に窓口になった人が最後の契約まで関わることで、安心感につながると考えたからです。そのため、見積もり依頼以降は私のほうで担当しましたが、事前の要件定義はすべて藤本さんが調整してくれました。

　また、通常であれば、トスアップしてもらった後、お客様と対面での打ち合わせをして、温度感を合わせるという作業を行うのですが、コロナ禍ではオンラインが中心になってしまいます。お互いの温度感がわからないまま、担当が途中で変わるのはよくないと考え

たのも、伴走をお願いした理由の1つです」

お二人のお話をお聞きすると、互いの状況を把握した上で、的確に役割分担していることがわかる。藤本氏は、「案件の受注確度が低いものをすぐにトスアップすると、直販営業サイドもさばききれないだろう」と配慮し、対する媚山氏も、「今回の大型案件のような場合、一人ですべて対応するのは難しいため、チームで対応したほうがお客様のメリットも高い」と考えているというように、まさに両者の間にあうんの呼吸が成立している。

また、藤本氏と媚山氏だけでなく、他のメンバーも同じように双方の部署が連携できるよう、当初はトスアップの案件数が評価指標として採用されていたが、現在は、受注利益額がメインのKPIとなっているため、双方が以前にも増して、「受注」という共通のゴールにコミットできているようだ。

●定量的な指標は重要だが、定性的な指標も大切

前項の最後では、トスアップの案件数から金額ベースに評価指標が変更されたことに触れたが、インサイドセールスがコミットすべきKGI、KPIに対して、上野氏はどのように考えているのだろうか。

「営業部門、マーケティング部門である限り、定量的なKGIは売上への貢献になります。一方のKPIに関しては、商材がたくさんあるので、お客様のコンディションも踏まえて、四半期単位あるいは半期単位で注力商材を設定し、提案・獲得状況を追いかけたりしています。

直販営業にトスアップするのではなく、インサイドセールスのみで担当している11万社に対して、クロスセル、アップセルを行うことがベースの活動になります。たとえば、従来型の携帯からスマートフォンに機種変更するタイミングは、SaaS系の商材を提案するチャンスになりますし、期首か期末かでも提案すべき商材は変わってい

きます。また、コロナ禍であれば、テレワーク関連の商材、体温を測定するセンサーといったものの需要が増えるというように、その時々で注力すべき商材をKPIに設定しているのが実態です」

　評価指標について上野氏が語る中で、印象的だったコメントがある。それは、「デジタルの活用により、いわゆる伝説の営業、トップセールスと呼ばれる人がこれまで個人ですべて完結させていたプロセスを見える化し、分業できるようになった」というものだ。これは、冒頭の原田氏の言葉にも通じるが、商材が多角化し、さらにデジタルデータの整備が進めば、営業プロセスの可視化、分業化は必至のことだろう。そして、チームでやったほうが、お客様へのサービスの質も向上し、より大きな成果が得られるなら、デジタルシフトの巧拙が企業の命運を分けると言っても過言ではない。

　とはいえ、その巧拙をめぐって各社がデジタルシフトに四苦八苦しているのも事実だ。その点、上野氏、原田氏がそれぞれの言葉で、営業のデジタルシフトを目的化してしまうことの危険性に触れていたため、これから営業のデジタルシフトを検討している方は参考にしてもらいたい。

　「デジタルシフトによって分業が進むことで、全体最適ではなく、部分最適が生じ、他部門やお客様への意識が希薄化するリスクがあります。完全に企業側の都合である部分最適によって、お客様が体験する一連のカスタマージャーニーを分断することがあってはなりません。ですから、部分最適に陥らないように組織を設計し、評価指標を設定する必要があります。

　だからこそ、私たちもこれまで7回も組織を変更したのです。そして、MBOの目標の中には、極めて定性的ではありますが、他者への貢献という項目を10％程度入れています。具体的にいえば、自部門が担

当する業務の前後を担っている部署の仕事に対して協力的であるか否か、あるいは2つ、3つ先、あるいはその後のプロセスに対して意識を向けているかという点を定性的に評価するということです。

　また、日進月歩で進化するデジタルの世界をキャッチアップしていくために、『学習と成長』というものを、本部のスローガンの1つとして掲げています。一言で言えば、専門性を磨いていくということであり、マーケティングとは何ぞや、インサイドセールスとは何ぞやというのを、しっかりと学んでいるかという項目も10%入れています。あえて全体の評価の5分の1を定性的な指標にしているのは、部分最適ではなく、全体最適を目指すためでもあるのです」（上野氏）

　「インサイドセールスを推進することが、自分たちのためであっては意味がありません。自分たちを主語に考えてしまうのが、一番ダメなパターンです。この改革がお客様にとってどんなメリットがあるか、どう役立つかという視点を忘れてはいけない。会社や自分たちの効率や利益のためではなく、お客様に価値を提供するための一番効果的な手法を目指すようにしなければならないということです」（原田氏）

12章　ソフトバンク　取材にご協力いただいたみなさま（敬称略、部署名・肩書は2021年4月時点）」

常務執行役員 法人事業副統括　藤長 国浩
法人事業統括 法人マーケティング本部 本部長　上野 邦彦
法人事業統括 法人マーケティング本部 副本部長　原田 博行
法人事業統括 法人マーケティング本部 マーケティング戦略統括部 インサイドセールス2部 部長　杉本 薫重
法人事業統括 法人マーケティング本部 マーケティング戦略統括部 カスタマーサクセス2部 部長　橋本 直樹
法人事業統括 法人マーケティング本部 マーケティング戦略統括部 担当部長　西村 利枝
法人事業統括 法人マーケティング本部 マーケティング戦略統括部 インサイドセールス1部2課 課長　藤本 奈己
法人事業統括 法人第三営業本部 第二営業統括部 第1営業部 3課 課長　媚山 優

＊なお、本文中の部署名・肩書はインタビュー当時（2021年2〜3月）のものです。

未来が見えてくる営業

常務執行役員　法人事業副統括　**藤長 国浩**氏

■ 最初に登る山を決める

　ソフトバンクに入社してからの最初の15年間、一貫して法人営業をしていた私が「デジタルシフト」の必要性を意識し始めたのは、2016年に法人事業戦略本部の本部長になってからです。

　その頃、漠然と感じていたのは、「もしかすると、10年、20年後には、フィールドセールスの役割は大きく変わっているのではないか」ということでした。

　その理由はいくつかありますが、1つには商材の変化があります。固定電話、携帯電話、ネットワークなどと違って、SaaSといったデジタル商材はある意味で「クラウド生まれ、クラウド育ち」ということもあり、インサイドセールスによるアプローチは親和性が高い。また、私の経験からいっても、フィールドセールスが実際にお客様を訪問できる件数は一人当たり一日数社ですが、デジタルを使えば、アプローチ範囲が一気に広がる。多くのSaaS商材を知ってもらうには、人海戦術ではなく、デジタルな取り組みが向いていると思います。

　当時、すでにソフトバンクにはインサイドセールスを担当する部門はあったのですが、いわゆるコールセンターのような役割でした。

それぞれの営業部隊もセールスフォースを使い始めたくらいで、顧客のデータベースであったり、ナーチャリングシステムの確立には程遠い状況だったわけです。

そのあたりを一気通貫で取り組みたいと考え、インサイドセールスの部門を発足。上野さん、原田さんに検討してもらいながら、すぐにマーケティングツールの導入を決定しました。

組織をつくる際に、出張の際に訪れた海外企業において、フィールドセールスとインサイドセールスがしっかりと定義されていることなど、他社の進んだ事例も参考にしました。

これはソフトバンクの社風も影響しているのかもしれませんが、社内から反対の声はほとんど聞こえてきませんでした。私たち50代のメンバーとしては、後輩に世代を引き継ぐためにも、チャレンジして失敗か成功かを経験し、明確なポジションをとることが重要だと考えていますから。だから、もし失敗しても私が全責任をとる覚悟で、「数年後ににこれくらいのビジネスにする！」と登る山を決めてからスタートさせました。

▌ぴかぴかのリンゴ

これまで、DX本部を当時120人規模で立ち上げたり、コンサルタント会社と協業して、コンサルティング営業ができる人材を育てたりとさまざまなチャレンジをしてきましたが、「ぴかぴかのリンゴ」を増やしたいと考えてのことです。

「腐ったリンゴを同じ箱に入れると、全部腐る」とよく言われますが、その逆をやりたい。これからは間違いなく、お客様の課題を分析し、ソリューションを提案できる人材が必要になります。「ソフトバンクの法人営業と話をすると、未来が見えてくる」と言われ

CASE STUDY② ソフトバンク　　　**Interview**

るように、お客様が気づいていない潜在的な課題に気づいて、提案できる力が重要になるからです。

　私は営業時代も今も思っていることがあります。それは、営業が会社の代表であり、一番かっこいいということです。「サッカー日本代表、野球日本代表になるのは、相当難しい。でも、お客様にとってのソフトバンクの代表にはなれる。ラッキーだ」とよく言うのですが、営業が一番かっこいい会社が一番かっこいい。営業にはもっともっとかっこよくなってもらいたいからこそ、改革を進めているのです。

13章

ケーススタディ③
JTB

CASE STUDY③ JTB

コロナ禍以前に始まっていた
デジタル基盤の構築

　1912年にジャパン・ツーリスト・ビューローが創立されて以来、ツーリズム事業を中心とした営業活動を展開しながら、109年かけて、対象となるビジネス領域を広げてきたJTB。近年はインバウンド市場の拡大に伴い、自治体やDMO（観光地域づくり法人）だけでなく、様々な業種の企業が観光分野に関わるようになることで、JTBが展開している交流創造事業も同心円のような広がりを見せている。

　しかし、全世界的に多くの産業に甚大な被害を与えたコロナ禍は、観光産業に対しても大きなインパクトをもたらすことになった。

　そうした未曾有の危機に直面したJTBは、「『新』交流時代を切り拓く」という経営ビジョンを掲げ、デジタルトランスフォーメーション（DX）を推し進めるべく、2021年2月、組織再編を発表。再編の狙いについては、後掲の大塚 雅樹氏（取締役 常務執行役員 ビジネスソリューション事業本部長）のコメント、及び本章の後半を参照してもらいたいが、まずは本書のテーマである「営業デジタルシフト」について、これまでのJTBの取り組みを紹介する。

　JTBの法人営業のデジタル化について言及するには、2009年の分社化時代までさかのぼる必要がある。その頃、営業個所で営業課長を担務していた矢野 晶氏（ビジネスソリューション事業本部マーケティングチームマネジャー）は、当時の状況を次のように語る。

　「私が営業課長だった2009年、すでに営業支援システムは導入されていたのですが、各社にストックされた情報が積極的に活用されることはなく、分断化されており、団体旅行の手配書も手書きという状況でした。そうした中で発生したのが、2011年の東日本大震

災です。甚大な被害を受けた営業個所の手配書は水没によって失われ、デジタルデータの救出も困難な状況に見舞われてしまいました。

矢野 晶さん

　その後、法人営業において、グループ全体のデータ連携と業務のデジタル化は急務という認識が一層広がり、2014年、社内のデジタル基盤構築に着手することになったのです。具体的には、セールスフォース・ドットコム社のクラウドサービス上へCRM基盤を構築し、法人営業に関わる業務集約とデジタル化の推進を図ってきました。

黒崎 秀将さん

　さらに、2019年6月には、お客様の購買プロセスの変化を踏まえ、これまでの対面形式のリアル営業を主軸とした営業スタイルにデジタルを融合させるため、デジタルマーケティングの基盤構築（マーケティングオートメーション導入）に取り掛かったという流れになります」

● 社内外で生まれた 「新しい」コミュニケーションの形

金井 大三さん

　コロナ禍以前の2014年頃から、すでにデジタルシフトに挑戦していたJTBだが、コロナ禍がその流れをいやが上にも加速させたことは想像に難くない。法人営業の現場に及ぼした影響について、金井 大三氏（事業推進担当部長）に伺った。

「コロナ禍をきっかけにして起こった変化として一番大きかったのは、やはり人の移動が

八田 孝久さん

制限されてしまったことによるインパクトです。ツーリズムはもちろんのこと、人の移動を伴うイベントを主戦場としていたMICE（Meeting、Incentive、Convention・Conference、Exhibition）関連についても、2020年の春以降、リアルの場に人が集まるイベントや展示会は軒並み開催中止・延期が決定。これまでは、リアル開催が当たり前だった表彰式やキックオフイベント、株主総会についても、オンライン開催を模索せざるを得ない状況に直面したということです。

弊社としても、お客様のニーズに対応するため、オンラインイベントの取り扱いや、演出面の工夫を凝らしたバーチャルイベント、感染対策を施したリアルイベント、あるいは、それらを効果的に組み合わせたハイブリッドイベントなど、ニューノーマルに最適なMICEソリューションの強化を、急ピッチで進めていきました。

どういった組み合わせがベストなのか、もっと効果的なソリューションはないのかといった課題が浮き彫りになったのも事実ですが、オンライン化、デジタル化は、様々な施策の効果測定や分析を容易にするという利点があります。数値化されたデータに基づいた、提供ソリューションの高度化を進めることができれば、よりお客様のニーズに合致したソリューションの創出が可能になると考えています」

また、黒崎 秀将氏（事業推進担当部長）によれば、以前は積極的に行っていなかったウェブ上のプラットフォームを活用したオンラインイベントを実施したところ、千人単位の集客に成功するなど、徐々にではあるが、成功事例も蓄積されているという。

「私たちがこれまで得意としてきたビジネスモデルの課題は、フロー型であるということです。つまり、人が動かないと、ツーリズムも止まり、イベントも止まる。血流が完全に止められてしまうのです。ここは大いに反省すべき点で、ストック型のビジネスを持っておか

ないと、この先、また同じようなことが起きたときに、対応できなくなってしまうのではないかという危機感を感じました。

そのような環境下で、チャレンジとして始めた一例として、動画セミナーを中心としたウェブ上のプラットフォームがあります。当初はどこまでニーズがあるか半信半疑ではありましたが、有料イベントでありながら数百人規模の集客に成功するビジネスセミナーなど、成功事例も出始めています。

また、イベントや展示会をオンライン上で実施することは、データを蓄積するという点でも、大きな意味があります。データを分析、活用することによって、お客様に対して新たな価値提供を実現できると考えています。まだチャレンジの段階ではありますが、[1]ミーティング＆イベント（M&E）領域でストック型のビジネスモデルを作っていきたいと考えています」

さらに、イベントや展示会がオンラインに切り替わると同時に、その土台となる営業個所でのコミュニケーションのデジタル化も一気に進行することになったと、八田 孝久氏（マーケティング推進担当マネージャー）は語る。

「お客様と直接お会いしてのコミュニケーションが難しくなったため、デジタルツールを活用したお客様とのコミュニケーションが飛躍的に増加しています。対面形式での営業スタイルが中心だった弊社にとっては、BPR（ビジネスプロセス・リエンジニアリング）の観点における営業工数の効率化も大きな課題でした。コロナ禍が経営に与えたインパクトは決して小さいものではありませんでしたが、これまでの営業スタイルを一気に変えていけるチャンスだとも捉えています。

また、金井がコメントしたように、リアルでのイベントや展示会

が実施できなくなった一方で、オンラインセミナーのニーズが高まったのも事実です。さらに、リモートワークが増えたことも影響しているのか、デジタルコンテンツへのお客様からの反響も大きく、弊社の法人ウェブサイトからのお役立ち情報（ホワイトペーパー）のダウンロード数も劇的に増加しています」

　八田氏は、2014年4月から始まったCFM基盤導入にも関与しているが、デジタル化は社内的なコミュニケーションの円滑化にも寄与しているという。

　「このコロナ禍でも、しっかりとセールスフォースを活用し、日々の業務レポートを入力する習慣が身についている営業個所は、メンバー間のコミュニケーションが確立しているので、在宅勤務でも、円滑に業務が遂行しています」

●デジタルマーケティング×インサイドセールス

　ここからは、コロナ禍前から始まっているデジタルマーケティングへの取り組みの詳細を紹介していく。矢野氏が冒頭で触れたように、2019年6月には、顧客の購買プロセスの変化に対応していくために、デジタルマーケティング、インサイドセールスに力を入れ始めたというが、具体的にどのような施策を講じたのだろうか、八田氏に聞いてみた。

　「私たちが最初に着手したのは、メルマガ内容の改善、法人ウェブサイトのリニューアル、オウンドメディアの開設といった施策でした。

　メルマガは、これまでも定期的に配信していましたが、全てのお客様に同一の情報を配信するという取り組みに留まっており、コンテンツもソリューション情報がメインでした。そのため、より興味、関心を抱いていただけるように、産・官・学を中心にペルソナやカ

スタマージャーニーを再設計し、コンテンツの質と量の常時改善を実施しています。

　また、法人営業における情報発信、マーケティング施策の拠点として位置づけている法人ウェブサイトについては、2020年3月に大幅なリニューアルを実施しました。産・官・学の各サービスページの拡充や、実際のお取り扱い事例の掲載、漫画形式のホワイトペーパーなどにも力を入れており、『365日24時間、情報を配信し続けてくれる頼もしい営業担当者』となってくれるよう磨きをかけています。

　さらに、2020年8月には、オウンドメディア「♯ Think Trunk」を開設し、お客様の課題解決のヒントに繋がるコンテンツを配信していくことで、継続的なお客様との関係強化にも注力しています」

　実際、先行してデジタルマーケティングとの連携を開始していたメディカル領域では、リアル営業の強みを活かしてデジタルチャネルからのリード獲得といった成果が出始めていると、藤原 健太郎氏（マーケティング推進担当マネージャー）は語る。

　「メディカル領域のリアル営業に関しては、相当なレベルで展開してきましたが、そこに甘んじることなくデジタルマーケティングを加え、さらに営業力を引き上げようという発想がベースにあります。マーケティングチームと営業個所が協働しながら、コンテンツ、ウェブページをつくることで、品質の高い情報をお客様に届けられるようになりました。その効果は、リードの創出に加え、若手の営業担当者がイチから勉強し、習得するのを待つまでもなく、届けられた品質の高い情報をもとに商談に臨むことが可能となり、営業総量、顧客接点を増やすことができたことです。専門的なノウハウは各部署が持っているので、それをコンテンツ化して、デジタルマーケティングを掛け合わせることで、営業に厚みが生まれるというの

もメリットの一つです」

　そして、デジタルマーケティングの強化と同時並行的に進めているのが、A3M（アカウント・ベースド・マーケティング）戦略をベースとしたインサイドセールス機能の設置だ。2019年6月、法人ウェブサイト経由のお問い合わせ対応を実施してきた部署の機能を強化する形で、チームを組成したそうだが、PDCAを回している最中だという。

　「インサイドセールスに注力して気づいたことは、教科書通りの正解はないということです。弊社のように、営業個所主導のリアルな営業スタイルが確立していたり、お客様の課題に応じたソリューションを組み合わせて価値を提供する必要がある組織には、どのようなインサイドセールスが適しているのか、その答えは、様々なチャレンジを繰り返すなかで、確立していくしかありません。営業個所とのコミュニケーションを大切にしながら、改善を繰り返しているのが実情です」

　そう語る八田氏は、インサイドセールスが機能することで、これまで以上に、幅広い社員の活躍の場が生まれる可能性にも期待を寄せている。

　「旅行業の特徴の一つとして、添乗業務などの出張が頻繁に発生するため、介護や育児などを抱える社員にとっては、営業業務へ継続して従事することが難しくなるケースが少なくありません。インサイドセールス機能は、営業経験のある社員のポテンシャルを活かし、職域拡大にもつながるのではないかと考えておりますし、実際にそういった環境にある社員の配置も実施し始めています」

●成長事業領域としての「ビジネスソリューション事業」

いよいよ、ここからは冒頭で触れた組織再編の狙いとその内容について取り上げたい。組織再編の中核とも言える「ビジネスソリューション事業」の役割について伺ったところ、金井氏からは次のような答えが返ってきた。

「弊社は、ツーリズムを事業の基盤として、様々なステークホルダーとの接点を育み、事業を成長させてきました。そうした流れを受け、法人顧客を対象としたビジネスをより深化させるために組成されたのが、『ビジネスソリューション事業』です。ビジネスソリューション事業は、顧客課題に寄り添いながら専門性や提供するサービスレベルを高め、カスタマーサクセスの実現を目指すものであり、グループにおける成長事業領域として位置づけられています。特筆すべきは、ビジネスソリューション事業の根幹であるABM戦略を実行するため、新たに、ビジネスプロデューサー（BP）、ビジネスアナリスト（BA）といった新機能を設置して、アカウント営業体制を敷くことになった点でしょうか。

BPの役割を一言で言うなら、「プロデューサー」になります。お客様の経営課題に正対し、幅広い人脈構築と継続的なコミュニケーションにより、潜在的なニーズやビジネス機会を発見するだけでなく、事業推進にあたっては社内外のリソースを柔軟に活用しながら、ビジネスを創出し、推進する役割が求められます。

また、BAは、マクロ情報やサーベイツール（HR Techなど）、営業情報（CRM）といった様々なデータをベースに、お客様の環境を分析し、本質的な課題を抽出するとともに、社内外の最適なソリューション施策を設計するアナリスト兼プランナー的な役割を担います」

CASE STUDY③ JTB

　しかし、言うは易しで、BP、BAが務まるような※2人財を確保するのは容易ではないだろう。そんな疑問を、黒崎氏にぶつけたところ、すでに人財育成についても、いくつかの施策を講じているという答えが返ってきた。

　「テクノロジーが日々進化する中で、『自分はアナログなので……』というような甘えは、時代の流れとともに通用しなくなってきています。デジタルマーケティングだけではなく、提供ソリューションのデジタル化もますます加速していますので、自社のサービスを理解するためにも、デジタル対応力の向上は避けては通れない取り組みといえます。

　そのため、現在JTBにおいては、セールスフォースの活用徹底、モバイル環境の整備、オフィスのペーパーレス化、オンライン商談の推進など、業務環境や営業プロセス面におけるDXの取り組みを一気に進めています。

　また、それと並行して、オンラインイベントやHR Techソリューションを中心とした提供サービスのデジタル化に欠かせない、営業担当者や手配担当者のデジタル対応スキル強化などの人財育成にも取り組んでいます。

　これまでは、そういった領域は専門知識を持つ社員のみが担っていましたが、これからは業務に携わるすべての社員が対象になっていきます。すべての営業、すべての社員のデジタル対応力強化を一朝一夕に行うのは難しいのですが、環境面・人財育成面含めて、『セールスイネーブルメント』を意識し、総合的なDXを実現する取り組みを進めているところです」

●デジタル時代に求められる営業のスキル・マインドセット

　さらに矢野氏は、これからは、チームプレーの重要性が増してい

くと語る。

「弊社の営業は、特定の個所を除いて基本的には、お客様の購買プロセスにおける、情報の提供、企画提出から添乗業務、精算業務に至るほぼ全てを、一人で担っていることが多く、野球にたとえるなら『先発完投型』の営業をずっとやってきたわけです。

実際、お客様のことを一番理解しているのは営業担当者であり、その思いが強いがゆえに、分業制ともいえるデジタルマーケティングやインサイドセールス導入に懐疑的な営業担当者が一定数いたのも事実です。

私ももともとは営業個所に所属していましたので、『デジタル上でお客様と接点を持ったとして、何ができるのか』、『インサイドセールスは、自分たちのお客様に対して何をしてくれるんだ』といった疑問を持ってしまうのは無理のないことだとも思います。

しかし、お客様に対して、今以上の価値を提供するためには、デジタルシフトは欠かせない取り組みであることは明らかです。そして、デジタルマーケティング活動（法人ウェブサイトやメルマガ、セミナー、インサイドセールスなど）全てが営業そのものであり、全体として顧客体験の価値を高めるものでなければなりません。

そうした営業スタイルを実現するためにも、それぞれが、お互いの役割を理解し、自らの役割をしっかり果たす。ラグビーで言うところの"One for All, All for One"でしょうか。今後は、これまで以上にチームプレーへの貢献が重要になっていくでしょう。ただ、チーム戦だからといって、他人任せになるのではなく、『最後は自分が決めるんだ』というような矜持を持ち、責任を果たすスタンスも忘れてはいけません。

そして、グループ全体として力強く推進するためには、営業担当者のデジタルシフトへの理解と関連部署との親密な連携が不可欠で

すので、社内での継続的な啓蒙活動も重要な施策の一つとして捉えています」

2021年2月、啓蒙活動の一環として開催されたオンライン勉強会の対象者は、全国の営業実務の係長クラス（グループリーダー）500名。その狙いについて、大泉 智敬氏（マーケティング推進担当マネージャー）は次のように語る。

「お客様向けにマーケティング活動をすることはもちろん重要なのですが、矢野が指摘したように、インナーの視点で営業担当者向けにマーケティング活動をするのも重要だと思っています。その対象として選んだのが、上司も部下もいて、一番のハブになりうるグループリーダーでした。少しでも興味をもってもらうために、営業担当者を主人公にした漫画を製作して、デジタルマーケティングについて説明したところ、実施後のアンケートでは、90パーセント以上の営業担当者が満足と回答してくれました。なかには、『なぜ、こんなに重要なことを、もっと早くて伝えてくれなかったのか』といった叱咤激励もありましたね。ですから、伝えて、好きになってもらって、最終的には武器として営業で使ってもらうまでやり続ける必要があると思っています。『営業が強いからこそデジタルマーケティングが武器になる』これがキーワードです」

また、デジタルシフトを実現するために必要な人財の要件定義と育成プランを構築している金井氏は、2023年に向けて、次のようなロードマップを描いているという。

「社内の体制が整いつつある今、最大の課題の一つは、人財育成だと思っています。2020年、弊社のM&Eの取扱いの多くがオンラインだったことを考えると、コロナ禍が収束し、リアルに戻ったと

しても、リアルとオンラインのハイブリッドが主戦場になるのは間違いなく、今以上にチーム制、分業制を推し進める必要があります。

　そのためには、プロデュースする営業担当者だけでなく、手配担当者もデジタル対応しなければなりません。ですから、対象となる社員については、レベル1からレベル3までのグレードを設けて、それぞれ2023年までに、どのようなスキルを身につける必要があるのか、どのように育てていくのかを計画し、それに沿って育成を進めていきます。さらに言えば、デジタル人財の要件定義を実施した上で、該当レベルの社員を何人育てていくのかという、そのための教育体制も構築しているところです」

●JTBが目指す「デジタルマーケティング」の未来

　最後に矢野氏に、JTBの現在地と課題、その課題を乗り超えた先にあるJTBならではの法人営業のあるべき姿について伺った。

　「これまでのリアル営業の強みを活かしながら、デジタルマーケティングとインサイドセールスを駆使して、お客様の実感価値をより高めることが、私たちJTBの目指すべき姿です。お客様の購買プロセスに変化が生じ、従来型の営業からは見えないプロセスが増加している今、デジタルマーケティングといった仕組みを活用しなければ、お客様に価値を届ける機会が減少してしまうでしょう。

　そして、『営業スタイルの変革』を推進する中、デジタルマーケティングを駆使することにより、お客様のニーズや購買タイミングをデジタル上で把握し、営業担当者を介さず弊社のソリューションや取り組みを直接お届けすることが可能になってきました。

　しかし、まだまだ十分ではありません。デジタルマーケティングを通して興味、関心の深まったお客様から直接お問い合わせをいただき、インサイドセールスが営業担当者へ引継ぎをする。または、

CASE STUDY③ JTB

インサイドセールスから直接お客様にアプローチすることで、お客様の潜在需要を顕在化し、営業担当者へ引継ぎをする。そして、営業担当者がお客様とニミュニケーションすることで商談化に発展させていく。こういった機会を今以上に増やしていく必要があります。

　弊社は全国に90近い営業個所を有し、その営業担当者を通じて、お客様の課題に寄り添ったソリューションを提供しています。また、私たちは、産・官・学すべての領域において、様々なお客様との接点を持っているユニークな存在でもあります。

　そうした強みのハブとなるのは、一人ひとりの社員であり、『人財力』こそが、これまでも、そしてこれからも弊社の最大の強みです。

　だからこそ、一人ひとりが自分の仕事に責任を持つと同時に、"One JTB"という矜持を胸に、リアルとデジタルを掛け合わせながら、お客様の課題解決を実現する。そのような営業スタイルにより、お客様の実感価値を高めることを、これからも目指していきたいと考えています」

※1 JTBにおけるミーティング・イベント(M&E)とは
　　企業主体で実施する社内会議/社員総会/株主総会/周年事業/研修/表彰/報奨式典などのビジネスイベントや大型スポーツ/エンターテイメントイベントなどが挙げられる。JTBは年間約13,000件の取扱実績有り（2019年）。
※2 JTBでは社の最も大切な資産である人材を「人財」と表現しています。

13章　JTB　取材にご協力いただいたみなさま（敬称略、肩書は刊行時点）

取締役 常務執行役員 ビジネスソリューション事業本部長　大塚 雅樹
ビジネスソリューション事業本部 マーケティングチームマネージャー　矢野 晶
ビジネスソリューション事業本部 マーケティング推進担当マネージャー　八田 孝久
ビジネスソリューション事業本部 マーケティング推進担当マネージャー　藤原 健太郎
ビジネスソリューション事業本部 マーケティング推進担当マネージャー　大泉 智敬
ビジネスソリューション事業本部 事業推進担当部長　黒崎 秀将
ビジネスソリューション事業本部 事業推進担当部長　金井 大三

CASE STUDY③ JTB　　Interview

「リアル」と「デジタル」を掛け合わせ、カスタマーサクセスを実現する

取締役 常務執行役員 ビジネスソリューション事業本部長　**大塚 雅樹**氏

▌なぜ、営業スタイルの変革が必要なのか

　1986年、JTBの前身である株式会社日本交通公社に入社した私のキャリアのスタートは、新宿支店の営業課でした。その後、本社のR&D部門、社内ベンチャーの立ち上げ、法人特化型事業会社の役員等を経験しましたが、この30年強を振り返って感じることの一つは、テクノロジーの進化によって、営業スタイルが大きく変わってきたということです。

　特に、マーケティング担当役員時代には、営業現場を預かっていたこともあり、営業に求められることの多様化、高度化が進む中で、フィジカルを活かしたリアル営業だけではなく、お客様の課題の本質に寄り添う営業スタイルに変容させることが急務であると考えていました。一言で言えば、いわゆる「飛び込み型」だった営業スタイルを、インターネットやモバイルなどのデバイスの力を最大限活用し、お客様のことをもっと深く理解したうえで、お客様ごとに最適な提案をする形に変える必要があったということです。

　そういった時代の要請もあり、弊社でも2014年にはセールスフォースを導入し、デジタル基盤の確立を進めてきました。デジタルツールを有効に活用すれば、これまで以上に「お客様の実感価値を高めるためのインテリジェンス」の発揮に時間を使うことが可能になるからです。

ただし、ここで忘れてはならないのが、デジタルシフトはあくまで手段であるということです。私たちがやるべきことのゴールは、ツールを使いこなすことではなく、あくまで「お客様にどのようなソリューションを提供すべきか」を、これまで以上に深く考えることに他なりません。そうした活動を加速させるためのアクションの一つが、デジタルシフトであり、デジタルマーケティングによる営業スタイルの変革なのです。

▌組織再編の目的は、プロダクトアウトからの脱却

　そして2021年4月に、JTBグループは、ツーリズムが事業の基盤であることを再認識したうえで、「お客様の実感価値」を起点に組織を再構築することにしました。

　組織再編のポイントの一つは、これまでは「法人」と「個人」というように、ターゲットを分けていたものを、一体的に運営する体制に切り替えた点になります。このことにより、お客様や各地域からのニーズと、これまでの運営体制との間にあったギャップを解消していきます。

　また、各地域の魅力向上による「人流創出」に貢献することに加え、人流だけに依存しない持続的なストック型のビジネスモデルへ挑戦していくために、「エリアソリューション事業」の領域を定義し、組織化しました。

　さらに、ツーリズムを基盤としつつも、とくに企業を対象とした領域においては、高い専門性と、ソリューションの進化が必要となることから、「ビジネスソリューション事業」の組織化に踏み切ったのです。

　これまでプロダクトアウト型だったモノづくりを、「お客様にとって良質なソリューションや情報をいかにお届けするか」というマーケットインの発想に切り替える。そのことが、組織再編の本質であると、私は考えています。

CASE STUDY③ JTB **Interview**

■ビジネスソリューション事業で目指すこと

　JTBグループは、ツーリズムだけではなく、MICE関連、プロモーション、福利厚生、人財育成、各種施設運営など、様々な法人のお客様向けソリューションを保有しています。これらは、多くの企業が恒常的に抱えている、インナー（従業員などの社内）課題や、アウター（顧客や株主、地域社会など）課題に対する、解決手段になり得るリソースです。

　しかしこれまでは、お客様から依頼される案件にお応えする営業活動が中心であったため、どうしてもプロダクトアウト的なアプローチに陥りがちで、お客様の真の課題解決プロセスに迫ることは、容易ではありませんでした。

　ニーズが多様化するだけでなく、目まぐるしく変化する時代においては、単発的な課題解決ではなく、お客様のビジネスパートナーとしてカスタマーサクセスを実現し続けなければなりません。つまり、より上位にある課題を深掘りし、潜在的な課題、ビジネス機会の発見に努め、お客様の課題解決をプロデュースする必要があるということです。

　私たちがビジネスソリューション事業で目指すのは、まさにそのことであり、だからこそ、「お客様の課題解決プロセスに寄り添いながら、JTBグループの保有する様々な法人ソリューションを複合的に提供し、お客様のビジネスパートナーとしてカスタマーサクセスを実現すること」をビジョンに掲げているのです。

■ デジタルシフトの先にあるもの

　デジタルマーケティングの進化によって、営業担当者を介さずに、ソリューションや情報を「直接」お客様にお届けできるようになりました。それは、フィジカルな営業という接点に加え、デジタル上で顧

客接点を深く持つことが可能になったことを意味しています。

実際、お客様にとって「有益な情報」を提供できた場合には、お客様から直接お問い合わせをいただき、その後のコミュニケーションを営業担当者が実施することで、商談化につながるケースも増えてきています。

また、社内においては、セールスフォースのSNS機能（Chatter）を通じて、全国の営業個所の個所長同士のコミュニケーションが強化できたことも大きな変化の一つです。各地で起きている日々のマーケット動向や成功事例、失敗事例といった活きた情報がスピード感をもって流通することで、午前中にChatterに投稿された成功事例を、午後、別の営業個所がお客様に提案し、成約に至るという好循環も生まれ始めています。

こうした動きが加速することで、産・官・学すべての領域においてお客様との接点のある、JTBならではのソリューション提供につながるのではないかと私は考えています。たとえば、産・官・学を担当している個所長同士が、違う分野での成功事例や他業種の取組みについての情報を交換し、お客様の課題に沿った情報提供をすることで、仕事を受注するだけでなく、新たなイノベーションを創りだすことも可能だと考えています。

当社はこれまで「リアル」を主戦場に発展してきた企業であり、デジタルシフトの分野で先行しているとは言い切れません。しかしながら、テクノロジーの進化により、当社を取り巻く環境が大きく変化している今、デジタルシフトは是が非でも成功させなければならない重要戦略でもあります。

そして、これまで「リアル」の面で当社が培ってきた顧客接点や営業力などの強みを、「デジタル」と掛け合わせることで、今以上にお客様に寄り添った価値あるソリューションを提供したい。そういった思いをもって、デジタルシフトに取り組んでいきたいと考えています。

おわりに──営業に未来を

　営業という職種に、自ら主導して売れるから楽しくもあり、やりがいがある。業績目標もノルマも、スポーツ感覚のようなもので、厳しい目標であればあるほど、達成したときの満足感は大きい。また購入したお客様が喜んでくれれば、喜びは倍加する。

　つまり、営業とは自己実現と他者への貢献を一致させて、お金を稼ぐことができる仕事だということだ。売る方法や売るものは変わっても、デジタルシフトというイノベーションが起こっても、営業という職種がなくなることはない。なぜなら、人の喜びの根源に関わるものを、他の手段に完全に置き換えることはないからだ。

　Part3で取り上げた3社のマーケティングと営業部門の皆さんは、時代の変化を先取りして営業デジタルシフトに着手している。登場する誰もが仕事の目的に誇りを持って改革に取り組んでいるのは、リーディングカンパニーとして時代の最先端でなければという気負いからではなく、プロフェッショナルとしてものを売る仕事にこだわり、成果を上げようとしているからだ。結果を出すためには世の中の動きを見て、自社の状況を冷静に判断して手を打っていく。具体的な手順や、過程で得られる気づきは各社各様ではあるが、共通する点を挙げるとすれば、先に述べた強いプロ意識にほかならない。

　私の好きなフランスの作家、アントワーヌ・ド・サン＝テグジュペリが残したとされる、以下の言葉がある。

290

「船を造りたいのなら、
男どもを森に集めたり、
仕事を割り振って命令したりする必要はない。
代わりに、彼らに、
広大で無限な海への憧れを説けばいい」

　この言葉を通じて読者に伝えたいのは、営業という仕事の未来の
可能性にかけるビジョンを社内で共有し、まずは始めることだ。一
人ひとり、一社一社ごとの航海図を描いていくことで、切り拓いてい
くことができる。

　本書でみなさんに提示したものは、「広大で無限な海の旅」を導く
営業デジタルシフト こおける航海図のようなものだ。それも、コン
ピューターで緻密に計算された現代の航海図というよりも、15世紀
の大航海時代に描かれたような、大ぐくりなものでしかない。営業
デジタルシフトにはまだまだ未知の領域が多く存在している。本書
が読者の皆さんにとって、新たな航海に旅立つ希望を与えるもので
あればと願っている。

291

水嶋玲以仁（みずしま・れいに）

グローバルインサイト合同会社代表。東京都出身。北海道大学経済学部卒。
日本メーカーから外資系保険会社に転職し財務部長まで務めた後、デルコ
ンピュータに転職しコンシューマー部門のジェネラル・マネージャーとなる。
以降、マイクロソフト、グーグルなどでインサイドセールスの実務全般につい
て、20年に及ぶ経験を持つ。
著書に『リモート営業入門』（日経文庫）『インサイドセールス　究極の営業
術』（ダイヤモンド社）がある。

実践・営業デジタルシフト

2021年7月21日　1版1刷

著者	水嶋玲以仁
	©Reini Mizushima, 2021
発行者	白石賢
発行	日経BP
	日本経済新聞出版本部
発売	日経BPマーケティング
	〒105-8308　東京都港区虎ノ門4-3-12
ブックデザイン	梅田敏典デザイン事務所
本文DTP	朝日メディアインターナショナル
印刷・製本	三松堂

ISBN978-4-532-32391-2
Printed in Japan

本書の無断複写・複製（コピー等）は著作権法上の例外を除き、禁じられていま
す。購入者以外の第三者による電子データ化および電子書籍化は、私的使用
を含め一切認められておりません。

本書籍に関するお問い合わせ、ご連絡は下記にて承ります。
https://nkbp.jp/booksQA